12 Secretos al Exito

Alcanza el Exito Que Siempre Has Soñado

Pedro Castillo
Irma Bermudez

© 2014 Irma Bermudez & Pedro Castillo

ISBN: 978-0-9930584-4-8

Reservados todos los derechos. Ninguna parte de esta publicación puede ser reproducida en cualquier forma o por cualquier medio, incluido el escaneado, fotocopia, o cualquier otro, sin el permiso previo y por escrito del propietario de los derechos

Impreso en, 2014 en el Reino Unido

Diseño Grafico Sameer Al Shaal

Editado por Armando Bermudez

Publicado por NewBridge Publishing Ltd

United Kingdom – USA – Madrid

12 Secretos al Exito

Alcanza el Exito Que Siempre Has Soñado

"Cualquier libro que ayude a un niño a fomentar el hábito de la lectura cómo necesidad profunda y continua es bueno para él"

Maya Angelou

Iniciamos esta dedicatoria con esta frase que nos muestra lo importante que es leer, en muchas ocasiones la lectura de un libro ha hecho la fortuna de un hombre decidiendo el curso de su vida, como lo dice Ralph Waldo Emerson.

Como lectores dedicados y admiradores de grandes escritores y personajes como Thomas Carlyle, Oscar Wilde, Napoleon Hill, agradecemos por todo el aporte recibido de todos estos grandes maestros de la literatura, y por todas las personas que han aportado en nuestra vida de una u otra forma, no podemos cohibirnos de transmitir este mensaje que hemos plasmado en este escrito, para que de esta manera pueda tocar la vida de todos ustedes y convencido que es un gran aporte al progreso, el éxito y prosperidad de cada uno.

Tabla de Contenidos

Capitulo 1 13
Creer que tú puedes tener riqueza 13
Capitulo 2 26
Tener una Razon Clara 26
Capitulo 3 43
Estar Determinado a Tener Exito 43
Capitulo 4 55
Tener un Plan de Accion 55
Capitulo 5 67
Fijarse Metas 67
Capitulo 6 115
Tener Claridad 115
Capitulo 7 128
Eliminar los Paradigmas Negativos 128
Capitulo 8 143
Ser Agradecidos 143
Capitulo 9 155

Pensar y actuar como la gente Exitosa 155

Capitulo 10 171

Asociarce con gente Exitosa 171

Capitulo 11 183

Fortalece la parte emocional 183

Capitulo 12 195

Quitar todas las excusas 195

"Seamos agradecidos con las personas que nos hacen felices, ellos son los encantadores jardineros que hacen florecer nuestra alma"

Proust Marcel

Agradecimiento

Nuestra gratitud es inmensa que necesitaríamos muchos libros para mencionar a todas las personas a quien de diversas formas han aportado muchas cosas positivas en nuestra vida.

Queremos dar gracias por la oportunidad de compartir con toda la humanidad este mensaje que hemos palpado en este libro, a nuestras familias, especialmente a Armando Bermúdez que con puso su esfuerzo para editar este libro.

Tambien queremos agradecer a todos los lectores de este libro y desearles el mayor de los exitos.

"una vez despierto el pensamiento no vuelve a dormirse "

Thomas Carlyle.

Con gratitud y amor

Irma Bermudez & Pedro Castillo

Capitulo 1
Creer que tú puedes tener riqueza

> "Lo que tu mente pueda concebir y creer, puede ser alcanzado"
>
> Napoleón Hill

Napoleón Hill fue un escritor estadounidense. Es considerado el autor de autoayuda y superación más prestigioso del mundo. Fue asesor de varios presidentes de Estados Unidos: Woodrow Wilson y Franklin Delano Roosevelt.

Al igual que la ley de la gravedad, la ley de la atracción nunca falla. No ves ovejas volando porque la ley de la gravedad se haya olvidado de aplicar la gravedad ese día. Así mismo, tampoco hay excepciones en la ley de la atracción. Si ha aparecido algo en tu vida es porque lo has atraído con un pensamiento prolongado.

¿Has experimentado algún resultado en tu vida, con la ley de gravedad?

La ley de la atracción es exacta.

Es importantísimo que te sientas bien, porque este sentimiento positivo es la señal que emites al universo y atrae más de lo mismo hacia ti. Así que cuanto mejor te sientas, más atraerás las cosas que te ayudarán a sentirte bien y eso te ayudará a levantar tu ánimo cada vez más alto.
Por esta razón ponte en sintonía con la riqueza, con la abundancia de bienes y objetos valiosos, con la verdadera fuente de toda riqueza, vibra en la misma frecuencia de la riqueza y la atraerás, lo acercaras hacia ti.

Atrae la riqueza sintiéndote rico, adinerado, acaudalado que tienes muchos recursos pero ahora, cuando antes mejor.

La manera más segura para que la riqueza este en tu vida es sentirte abundante en lo que expresamos ahora, ya de una vez.

Cuando dudas, vacilas, eres indeciso, te sientes incompleto, defectuoso, imperfecto, cuando te sientes vacío, cuando te sientes como si no tienes lo suficiente, vano, hueco, insustancial simplemente atraerás, seducirás más situaciones que te harán sentir de esa manera desierto y deshabitado.

Cuando te sientes alegre, contento, animado, alborozado, sonriente, jubiloso, entusiasta, abundante y feliz ese exactamente lo que vas a atraer a tu vida.

Pregúntate, ¿crees tú, que te mereces vivir en la riqueza, en ser boyante, pujante, afortunado y venturoso?
Veremos cómo podemos atraer y acercar la riqueza en abundancia pensando positivamente y afirmando y asintiendo lo que pedimos

Utiliza estas afirmaciones de riqueza inspiradora, para cambiar tu enfoque de la falta y la escasez, por la alegría de la riqueza.

Recuerda siempre que el verdadero poder de las afirmaciones está en la forma en que te hacen sentir.
Debemos asegurarnos de conectarnos realmente con los pensamientos y deseos y sintonizarlos con la esencia de la riqueza.

Esta es la manera de tener afirmaciones, aserciones, aseveraciones poderosas para atraer, acercar riqueza de prosperidad universal para ti.

Si combinamos, concertamos, unificamos los pensamientos con el deseo, eso es lo que va a crear la irresistible fuerza de la ley de la atracción.

Te recomendamos seguir tres pasos muy efectivos, seguros, positivos y prácticos.

El primer paso es pedir:

Da una orden al universo, a la naturaleza. Deja que el universo, el cosmos sepa lo que quieres. El universo, el mundo, el infinito responderá a tus pensamientos.

¿Debes de saber qué es lo que realmente quieres, pretendes, ambicionas?

Siéntate y escríbelo en una hoja o en tu libreta de apuntes personales. Escríbelo en tiempo presente. Puedes empezar escribiendo: «ahora soy muy feliz y me siento muy agradecido por» Y luego explica cómo quieres que sea tu vida, en cada uno de sus aspectos.

Has de tener muy claro, luminoso, despejado, lo que quieres, este es tu trabajo. Si no lo tienes claro, la ley de la atracción no podrá concedértelo.

Enviarás una frecuencia confusa que sólo atraerá resultados confusos. Quizá por primera vez en tu vida, intenta descubrir qué es lo que realmente quieres, ansias, aspiras.

Ahora que sabes que puedes tenerlo, serlo o hacerlo y que sabes que no hay límites.

¿Qué es lo que deseas, que ambiciones, que anhelas? Pedir es el primer paso en el proceso creativo, así que conviértelo en un hábito. Si has de elegir y no sabes qué, ¡pide que se te aclaren las ideas! Nunca debes dejar que nada te impida o frene en tu vida.

Simplemente pide, exige y reclama. Eres tú el que lo busca y que haces el pedido al universo.

No tienes que pedirlo una y otra vez. El primer paso, es simplemente tener claro lo que quieres. En cuanto te aclares y puntualices, pide, requiere.

El segundo paso es tener fe, confianza, convicción y crédito:

Confía, cree, espera en que ya es tuyo. Tener lo que a mí me gusta, me agrada, me complace, me satisface, me cautiva.

Llamar siempre a una fe inquebrantable. Cree en lo invisible, imperceptible, escondido, impalpable, oculto, recóndito.

Siempre debes creer en lo que has recibido. Has de saber que lo que quieres ya es tuyo en el momento en que lo pides. Debes tener una fe total y absoluta. Si hubieras hecho un pedido por internet o catálogo te relajarías o conseguir un estado de reposo físico y mental, estarías seguro de que recibirías tu pedido o requerimiento de lo exigido y seguirías haciendo tu vida placentera, agradable y apacible.

Ve las cosas que deseas de esa manera como si ya fueran tuyas. Escríbela o escríbelas en una lista o índice.
Sé consciente y con pleno uso de los sentidos y facultades de que vendrán a ti en el momento en que realmente las necesites.

Deja que lleguen o consigas el fin a que se aspira. No te preocupes por ellas. No pienses en que no las tienes. Descríbelas explica, define o representa con detalles las características o circunstancias en la lista como sí ya son tuyas.

Piensa que son tuyas, que te pertenecen, como si ya las tuvieras

Todos debemos trabajar con el universo ya que es el espejo y la ley de la atracción que está siempre proyectando tus principales pensamientos.

¿Cómo llegas a creer?

Debes hacer como los niños, juega y ven las cosas como si ya las tuvieras. Mientras aseguran que ya lo tienen, empiezas a creer que lo estás recibiendo.

Tu deseo firme y vehemente, siempre responde a los pensamientos que predominan en tu mente, no sólo en el momento en que pides.

Ésa es la razón por la que tras haber pedido, debes seguir creyendo y teniendo la certeza y conocimiento seguro y evidente de que algo es cierto.
Ten fe. Tu creencia de que ya lo tienes, la absoluta seguridad que has conseguido lo que pretendes, esa fe inquebrantable, es tu mayor poder, fuerza, vigor, capacidad para ejecutar tus propósitos.

Cuando crees que estás recibiendo, prepárate, previene y disponte a un hecho futuro y observa cómo actúa el poder absoluto de la mente, de tu pensamiento, de tu actitud, de tu propósito y voluntad.

Cuando trabajamos en grupo o en equipo, solo podemos fortalecernos, tonificarnos, robustecernos, vigorizarnos, especialmente cuando sus miembros la hacen crecer, agrandarse y desarrollarse y una forma de hacerlo es compartiendo información, testimonio, comunicación y experiencias con los que están a nuestro alrededor y nuestro entorno, dominio, ámbito, contexto.

Por esta razón te invitamos, te convidamos, convocamos, te incitamos, exhortamos a que no solo leas los testimonios de la ley de atracción, sino que aprendas a aplicarla y que compartas el tuyo con las demás personas, seres y semejantes.

¿Te gustaría que celebraran tus victorias, tus conquistas, tus glorias?
Les deseamos a todos mucho éxito al tomar el control de su vida y hacer de ella algo maravilloso, ya que estamos seguros que a través de nuestro libro, obra, texto, manual, compendio, vas a encontrar, descubrir, localizar, hallar la herramienta, el mecanismo, el instrumento, para agrandar las victorias, las conquistas, las glorias, la

fama, los honores, tus logros que alcanzaras en tu grandiosa y exitosa vida.

El éxito que apeteces, quieres, aspiras, anhelas en tu vida.

Queremos instruirte, adiestrarte, educarte como la magia, el encanto, la seducción, hechizo, el atractivo, fascinación de confiar en ti mismo puede abrir todas las puertas de un grato y próspero futuro con un gran presente.

Uno de los sentimientos fundamentales para poder alinearte, ordenarte, formarte y alcanzar aquello que quieres ser, hacer y tener, es la ferviente convicción de fuerza, vigor y capacidad que puedes lograr lo que te propones, anhelas, sugieras y planteas.

A veces nos referimos a ella como autoestima, auto confianza, dignidad y honra. Debemos confiar, esperar con seguridad y credulidad en nosotros mismos ya que podemos lograrlo y que cuentes con lo que necesitas para hacerlo.

Te preguntaras:

¿Cómo puedo alcanzar, conquistar esta mentalidad, cultura y modo de pensar que refuerce, aumente o intensifique tus acciones, tus hechos y decisiones?
¿Dónde se encuentra aquello que necesito para comenzar a confiar en mí mismo?

La respuesta es muy simple, aquello que necesitas para confiar en ti mismo se encuentra, está localizado, lo hallas, aparece, converge en tu propio interior, es una posición que eliges adoptar para presentarte ante el mundo y que va creciendo en tu íntimo, en lo recóndito de tu ser, en tu misma profundidad, conforme desarrollas esos cimientos, pilares y columnas que sostienen esa postura, actitud o posición.

Te recomendamos que uses tu poder personal en tu beneficio y no lo entregues a otros.
Conserva tus energías, enfócate en tu fortaleza y en lo que crees capaz de ti mismo, no por lo que te digan otros de ti.

Te recomendamos seguir estos pasos, crear un estado mental con el cual podrás alcanzar cualquier cosa que te propongas. Recuerda siempre que querer es creer, y creer es crear.

Las creencias convencimientos, convicciones, certidumbres, asentimientos, presunciones son aquellos pensamientos que aceptamos como verdaderos y que no cuestionamos.

Te animamos a generar un nuevo conjunto de creencias positivas que te van a impulsar a potenciar, a empujar, para alcanzar una vida llena de progreso, bienestar, expansión, auge, éxito, fortuna, suerte, felicidad.

"recuerda siempre que tus pensamientos y tus sentimientos crean y procrean tu vida. Comienza hoy a crear riqueza en tu mente para que este llene tus arcas."

Capitulo 2
Tener una Razon Clara

"La falta de claridad puede poner freno a cualquier camino hacia el éxito"

Steve Maraboli

Steve Maraboli (18 de abril de 1975), comentarista de radio de Internet, orador motivacional y escritor estadounidense

Un sueño claro hace que un verdadero soñador se atreve a vivir un periodo de su vida como nadie más lo haría. Para vivir el resto de su vida como todos los demás sueñan vivir.

Tienes que tener visión, percepción del sueño o ideal.

Un instrumento necesario y eficaz para tener un sueño claro es la motivación, causa y razón que nos impulsa a un proyecto , es la que se define como un deseo que impulsa a la acción, a la satisfacción de necesidades, es este un componente demasiado preponderante, imperante de todos los seres humanos.

No tener un sueño claro y brillante es como levantarte sin ningún plan o idea, además nos incita a la frustración a que no hay nada para realizar para el día y quizás para el futuro.

Empieza a saber que el día está muy frío, que ya está muy tarde, que de pronto o a lo mejor mañana empezarás. Es el síntoma cruel de la incertidumbre y aplicas con todo el rigor la pereza y negligencia. Esta es la clara y juiciosa razón para justificar que siempre debe permanecer en nuestra mente, la sensación de un verdadero sueño ideal y puntual.

Os preguntamos ¿tienes ya un sueño o proyecto claro y brillante en tu vida?

Te queremos recomendar un buen recurso que te va a ayudar a plantearte por la mañana o en la noche anterior, todas las oportunidades que tendremos durante el día, como lograras lo que quieres de tus sueños y eso te brindara satisfacción.

Pensar y planear lo que quieras en el día van a ser elementos o instrumentos que te acerquen o aproximen más a tus sueños, ideales y planes, eso es tomar acción o realizar maniobras sobre las determinaciones captadas por tus pensamientos.

Si tenemos una visión clara cada vez que nos despertamos, te va a permitir crear una idea clara de la vida que nos puede ayudar muchísimo a mantener claro nuestras metas, es como si estuviéramos realizados, como si ya hubiéramos superado los obstáculos o talanqueras que siempre se presentan, es decir ya tenemos trabajo, estamos labrando los proyectos que hemos planificado.

Muchas personas no tienen claro los sueños por la forma como crecieron y he aquí un paradigma o ejemplo negativo: cuando a un niño le obsequian una bicicleta y al día siguiente le dice a sus padres que quiere otra bicicleta diferente, que crees que le responden o incriminan los padres? Qué es un niño que no tiene la percepción del agradecimiento, que no valora o aprecia el esfuerzo realizado por sus tutores y hasta lo reprimen, hostigan y llegan hasta el castigo, despojándolo de su velocípedo por unos días o por siempre, incluso le intimidan y advierten que le van a obsequiar el vehículo a alguien que si aprecie el valor y esfuerzo de los donantes o los que están regalando este artefacto.

Lo que no tienen en cuenta los progenitores o ascendientes es que este chico o chaval si tiene sueños ambiciosos que anhela y codicia algo mejor y eso es reconfortante, vivificante, reparador. Si actuamos con estos procedimientos y paradigmas o ejemplos negativos truncamos, cercenamos los sueños, planes, ideales a muchas personas que si tienen un pensamiento claro y diáfano y se sobreponen con razones a este tipo de situaciones.

¿Planificas, programas el día para alcanzar tus sueños?

Recuerdo a mi hijo Daniel cuando tenía 8 años, se le regaló una bicicleta nueva de Navidad y en el mismo día me dijo que quería convertir esa misma bicicleta en una bicicleta Cross, pues la bicicleta tenía todo pero no era de Cross. Así qué le dije sí claro que se puede y le pregunte que el como la haría, y él me explico que le cambiaría la dirección, la silla, las ruedas y que le pondría frenos de disco.

Verdaderamente me dio la lista de una bicicleta completamente nueva, y le pregunte con qué dinero lo haría sí no trabajaba. Entonces fue cuando me pidió que le permitiera ayudarme en la finca, en la heladería y en la pizzería, que eran los negocios que manejaba en ese entonces. Y así fue, se levantaba a las 4:30 am a ayudar a ponerle el agua y la comida a más de 100 gallinas que había y a las 6 de la mañana ya estaba listo para irse al colegio en su bicicleta hasta la 1 de la tarde.

Durante la tarde hacia sus tareas de la escuela y a las 4 de la tarde ayudaba en la heladería de 7 a 9 de la noche ayudaba en la pizzería. Todo esto lo hizo porque tenía una razón, un motivo y un sueño, esto lo llevo a tener en 3 meses su bicicleta Cross que quería.

¿Cómo crees que un campeón o simplemente un actor o participante de carrera o competencia de ciclismo, con aspiraciones de estar buscando un puesto en el llamado pódium de los triunfadores de un Giro a Italia, un Tour de Francia o Vuelta a España prepara estos objetivos?

La respuesta es clara, evidente y contundente, para un logro, un sueño, un objetivo de esta magnitud, se necesitan muchos ingredientes combinados: disciplina, amor por el deporte de las bielas, un plan y un programa bien definido de entrenamiento previo a la prueba en sí, iniciada la prueba, la competición, ya ha sido planificada y programada para cada fracción del recorrido o etapa pero casi siempre lo planificado presenta obstáculos y dificultades no previstas y cada día, cada noche, cada mañana con los protagonistas e integrantes del equipo determinan y modifican los nuevos planes para cumplir sus anhelados sueños.

¿No crees tú que algo similar, análogo, comparable, compatible, idéntico, sucede en nuestros codiciados, deseados sueños, proyectos y la denodada lucha, disputa, emulación, pugna por salir airoso y triunfador en nuestras metas planeadas?

¿Sabes lo que requieres o precisas para cumplir tu sueño?

En nuestro ejemplo o modelo, prototipo, arquetipo anterior nos enuncia claramente lo que expresamos a continuación.

Así qué analizar lo que podemos hacer en cuanto lo que necesitamos para cumplir nuestros sueños, es tomar conciencia de nuestras necesidades y priorizarlas. Nos permitirán encontrar la forma de afrontar positivamente cualquier objeción u obstáculo, eso nos da creencia en nosotros mismos, nos ayudara considerablemente a elevar nuestra auto motivación.

Pero si no tienes claro lo que quieres o un sueño por el cual te atreves a hacer lo que sea necesario, de nada te sirve la acción, la motivación y la educación.

Ahora cómo crees los resultados de un equipo de ciclismo en los eventos antes mencionados, así hayan entrenado sin un programa definido, en vehículos no dotados técnicamente, pueden tener todo la mejor preparación física, pero los resultados para sus objetivos son y serán siempre negativos porque no tienes claro lo que requieres o precisas para lograr tus metas y objetivos.

Es como un piloto en un avión si no tiene un destino, ya llego. El piloto necesita un plan de vuelo que todos tienen, en este plan de vuelo se tiene planificado de donde sale, adonde llega y en cuanto tiempo, cuanto combustible necesita no sólo para el avión sino para los pasajeros. Tienen razón, porque para planificar un trayecto de un punto A a un punto B, eso es lo que hace que el viaje aéreo se haga más rápido, más seguro y más efectivo.

Y así serán tus sueños si tienes un plan, una razón y un motivo que te lleve de un punto A a un punto B y tomar la acción que te lleve a hacerlo realidad.

Está claro que no podemos parar o dejar de soñar si ejercitamos constantemente la auto motivación seremos capaces de contagiar a quienes nos rodean, todo depende de nosotros y de nuestra manera de pensar respecto a lo que queremos en la vida.

¿Sabes cuánto tiempo vas a necesitar para cumplir tus sueños?

Te recomendamos no cambiar tus planes de dirección solamente por que al inicio no entiendes, pues todo es un proceso y toma tiempo prudente, estamos hablando máximo de 2-3 semanas para aceptar esos nuevos cambios que nos va a llevar a ejecutar esa idea o sueño.

La peor o pésima equivocación o error en que incurren o perpetran la mayoría de las personas, es anular o rescindir sus sueños, iniciando cualquier proyecto, sueño e ideal y dejándonos llevar en otra dirección o cambio de curso. .

Hay que tener en cuenta que las personas generalmente o habitualmente, cuando iniciamos algo que es reciente, actual, moderno, de última generación, lo iniciamos con una motivación a veces desbordada, pero desafortunadamente esta se acaba con los días.

Por eso tenemos que transcender de la motivación a la conciencia. La conciencia se basa en la razón, en un propósito que te mueve, lo que normalmente llamamos sueño claro.

La conciencia se basa en el sueño, pero un sueño que te haga apresurarse, precipitarse, acelerar, que te motive a recorrer esa milla extra. No sé cuál es tu sueño, pero sea cual fuere, de dolor o de placer tenga en cuenta los siguientes pasos para tenerlo más claro.

Queremos, deseamos, ansiamos que tengas un sueño, un ideal, un proyecto claro.

Observemos con detenimiento los siguientes puntos que te van ayudar a definir sí vas en la dirección correcta de tu sueño:

¿Lo primero que debes identificar es que estés trabajando para tu sueño, tú ideal, tú proyecto? queremos decir de tu autoría.

No puedes lograr un sueño que no es tuyo, que no posees. Muchas veces vivimos a la sombra de otra persona, ten cuidado. Ten cuidado con el plagio o algo similar. Plagio es "copiar en lo sustancial obras ajenas, dándolas como propias"

¿Qué tu intención, propósito e idea la tengas clara, nítida?

Un sueño claro determina, decide, define tus prioridades o primacía de tu idea.

Decreta y ordena un sueño general a uno más específico, más detallado, más puntual en la distancia y el tiempo.

¿Qué sea real, verdadero, existente, cierto, verídico y concreto?

Que sea algo que puedas realizar, efectuar, hacer algo real y efectivo.

La realidad es enemiga de las fantasías, pero no de los sueños.

La fantasía: Facultad de la mente para reproducir en imágenes cosas inexistentes o intangibles.

¿Qué te apasione, que sea fanático que me excite?

¿Despiertas todos los días pegado, adherido, aglutinado a tu plan razonando y reflexionando en el siguiente peldaño que debes ascender o elevar para alcanzar tu sueño? ¿Lo ves todo el tiempo? ¿Lo recuerdas?, ¿Ya lo has tocado, lo has palpado?

¿Tienes una estrategia, una táctica, una experticia y si ya las tienes estas trabajando asiduamente, constantemente y siempre en ella?

Nadie planea fracasar. Fracasamos porque no planeamos.

De hecho en términos legales y de razonamiento de buena fe, ninguna persona o ser humano proyecta o establece un ideal para fracasar, no tener éxito o buscar resultados adversos, cuando esto sucede, son situaciones que se planifican como última instancia para evitar catástrofes más graves, como dicen en términos financieros " declarase en quiebra o bancarrota" y esto por estrategias que le van a brindar algunos beneficios o bondades frente a sus deudores y el estado que ejerce controles de ley.

¿Incluye, inserta o incorpora a otros?

El tamaño de tu sueño, determina el tamaño de las personas que se sentirán atraídas a él.

Aquí es determinante los recursos que ostentamos, poseer algo que da derecho a ciertas ventajas como por ejemplo, bienes, capital, fortuna, hacienda, dinero, talento e ingenio.

¿Estás dispuesto(a) presto, preparado, listo, organizado a pagar o compensar el precio?

El sueño siempre será gratis, pero el viaje no lo es.

Las ideas, los pensamientos no demandan ningún costo material a excepción del tiempo invertido en tus proyectos. Los recursos materiales, el equipo de trabajo las dotaciones de toda especie requerida, causan una inversión notable, no lo denominemos gastos, llamémoslo:

Acción de destinar los bienes de capital a obtener algún beneficio.

¿Cada día te acercas, te aproximas o vinculas más a él, a tus planes?

La verdadera diferencia entre buscar un sueño y hacerse una ilusión es lo que haces día a día. Buscar un sueño es convertirlo en realidad, concretarlo puntualizarlo y ejecutarlo de acuerdo al plan proyectado.

Hacerse una ilusión se define:

Imagen sugerida por los sentidos que carece de verdadera realidad. Esperanza que carece de fundamento en la realidad. Una ilusión es como una alucinación o artificio.

¿Cuánta satisfacción, regocijo, complacencia, gozo, agrado, placer te proporciona tus sueños convertidos a la realidad?

Al final, en conclusión lo que conquistamos o nos apoderamos, no son nuestros sueños, estos proyectos e ideales que están traducidos, convertidos y transformados en algo concreto y real, ponen al descubierto que nosotros mismos en persona somos los conquistados, persuadidos y seducidos.

¿Se benefician, favorecen, apoyan, ayudan, auxilian, subvencionan a otras personas?

No vale la pena invertir la vida en un sueño que no beneficie a otros.

Te imaginas, comprendes, como presumes, como sospecharías sentirte o estar solo totalmente en el planeta tierra de que servirían tus ideales, tus éxitos.

De que te lucrarías o te beneficiarias en bien de tu bienestar, tus ganancias, tu dinero si los que realizan y comparten contigo están al margen de tus ideales y proyectos hechos realidad.

Nuestro equipo y demás del entorno deben ser partícipes reales de la conquista de nuestras metas.

Y tú ¿tienes tu sueño claro y definido? ¿Lo estas evaluando y construyendo correctamente?

Recuerda. Acción con conocimiento es poder.

El hecho, la actuación, el trabajo, nuestras tareas y maniobras con la facultad de entender y juzgar nuestros ideales nos proporcionan a conciencia el mejor sentido de la realidad porque aplicamos inteligencia, discernimiento, razón e intuición, sabiduría, ciencia con potencia, poderío, autoridad, pujanza, dominio total en la gran conquista del sueño dorado convertido a la realidad.

Tenemos un gran ejemplo de tener un sueño claro y fue Nelson Mandela.

Nelson Rolihlahla Mandela, fue un abogado, político, líder del Congreso Nacional Africano y comandante en jefe de la organización guerrillera/terrorista Umkhonto we Sizwe o «La Lanza de la Nación».

La lucha de Nelson Mandela, como uno de los principales opositores al Apartheid, se remonta a la campaña de desobediencia civil en 1952, a la par de la cual creó un despacho que proporciona consejo legal de bajo costo a personas de raza negra, posteriormente encabezó los movimientos de resistencia no violenta en 1956.

Por ello y su constante activismo por una Sudáfrica sin divisiones raciales fue encarcelado en diversas ocasiones acumulando más de 27 años en la cárcel, convirtiéndose en una figura legendaria que representaba la falta de libertad de todos los hombres negros sudafricanos.

El 20 de abril de 1964 al iniciar su proceso judicial por cargos de sabotaje ante la Corte Suprema de Sudáfrica en Pretoria, fue entonces que Mandela realizó una declaración contundente: el estar preparado para morir por el ideal de una Sudáfrica sin segregación racial.

Es un gran ejemplo para todo el mundo, Nelson Mandela estuvo dispuesto a morir por liberar toda una nación.

¿Tienes tu un sueño claro por el cual estás dispuesto a hacer lo que haya que hacer o hasta estar dispuesto hasta llegar a las últimas consecuencias por lograr tu sueños?

Recuerda un sueño claro hace que un verdadero soñador, idealista, visionario se atreve a vivir un periodo de su vida como nadie más lo haría

Y tú estás dispuesto a vivir tú sueño así?

Capitulo 3
Estar Determinado a Tener Exito

"Cada hombre es arquitecto de su destino. Dios nos hizo perfectos y no escoge a los capacitados, sino que capacita a los escogidos. Hacer o no hacer algo, solo depende de nuestra voluntad y perseverancia"

Albert Einstein

Albert Einstein fue un físico alemán de origen judío, nacionalizado después suizo y estadounidense. Es considerado como el científico más conocido y popular del siglo.

Tenemos una mente con capacidad intelectual humana que nos proporciona actitud, propósito y voluntad con muchos poderes inalcanzables, que solo tú puedes llevarlo al éxito y a la realización de nuestros ideales.

Una determinación sostiene que todo acontecimiento físico, incluyendo el pensamiento y acciones humanas, están causalmente determinados por causa y efecto, y por tanto, el estado actual determina en algún sentido el futuro.

Estos lo podemos traducir o convertir, como intención, motivación, aspiración a nuestra voluntad para cambiar pensamientos.

Esto es tener determinación, es tener decisión, valor. También es tener bien claro los límites sobre algún objetivo. Es la persistencia, es la existencia, la firmeza o el empeño en la ejecución de una meta o sueño.

¿Cómo puedes llevar a cabo una determinación?

Para un ganador alcanzar las metas es algo que está en su mente. Pero ¿consigue todo el que se apunta o propone alcanzar sus metas? ¿Tiene todo el mundo éxito realmente? No.

¿Por qué? Porque no tienen la convicción y la determinación para destacar y cumplir sus sueños.

Soñar en ganar, es tan simple como eso, pero tomar los pasos hacia la victoria es lo que hacen los ganadores.

¿Y qué diferencia hay entre los ganadores y los perdedores? ¿La determinación? Todo el mundo sueña, pero las personas que de verdad cumplen sus sueños son totalmente diferentes.

Aquí podrás descubrir ciertos consejos que pueden ayudarte a ser un verdadero ganador.

¿Cómo puedes potencializar tu determinación, tu propia decisión?

Queremos que sepas, que tu poder de determinación y decisión es la que activa las fuerzas increíbles dentro de ti mismo: tu creatividad, tu perseverancia, tu tolerancia a la presión, tu tenacidad, tu habilidad para influir en los demás.

Tu determinación también compensa tu falta de habilidad en algunas cosas porque generas un ingrediente adicional: entusiasmo, pasión, apasionamiento, de modo que es vital que cultives este poder para conquistar aquello que se piensa, se dice o se hace en nuestra existencia y en la finalidad y objetivos que nos trazamos, tus metas, propósitos laborales y personales.

¿Cómo hacerlo?

Debes tener una causa, una razón para obrar, un motivo por la cual trabajar, no para un patrón. Cuando has descubierto y pones a trabajar tu misión de vida, te vuelves imparable.

El deseo por expresar lo que tú eres te arrastrará de tal forma que las adversidades más grandes no te impedirán conseguir tus aspiraciones más altas.

Cuando deseas conseguir cosas importantes, pregúntate: ¿qué pondría en riesgo tu plan? No se trata de tener una visión pesimista de la situación, sino de que en este mismo instante este enfocado en tu proyecto para aumentar la probabilidad de que se sostenga con el tiempo.

Acuérdate que debes tener tus pensamientos enfocados a soluciones. Muchas personas de altos cargos que se desenfocan, alteran el significado o sentido de su ideal por situaciones de difícil solución o por dificultades de orden personal o afectivo, lo más apropiado y aconsejable, desmenuzarlos, fragmentar, dividir en partes más pequeñas para que generes o produzcas y resuelvas una solución ante los obstáculos, Impedimentos, dificultades o inconvenientes.

Te animamos, te alentamos e incitamos que por cada obstáculo pienses, cómo rodearlo, como comprenderlo, caminar encima de él, cortarlo a la mitad o prevenirlo para que no se vuelva a presentar.

Nutre, alimenta, fortalece tu mente con pensamientos positivos. No hay nada mejor para reducir o quizás eliminar tu determinación que tener pensamientos negativos y pesimistas.

Una persona que siempre está con una actitud, postura, disposición, talante, posición, conducta positiva no significa que todo es color de rosa. Significa, implica o supone que está consciente de que tiene habilidades y recursos personales para sacar adelante el reto, desafío o amenaza, que tiene en frente.

Siempre lleva a la práctica estas recomendaciones, proposiciones, insinuaciones que te proporcionamos. Pero para que te funcionen tienes qué convertirlas en una destreza, costumbre o hábito. Eso depende de ti.

El poder de superar tus propias limitaciones la tienes tú!

Trabaja por tu futuro, tus eres el favorecido, el bonificado y en estas condiciones de mejorado y ganador tienes la inmensa posibilidad de auxiliar en tus proyectos a otras personas. Queremos que descubras tu misión de vida y luches encomiable y denodadamente por ella, es el momento que te vuelves imparable, devastador.

El deseo por expresar lo que tú eres, te arrastrará de tal forma que las adversidades más grandes no te impedirán conseguir tus aspiraciones más altas.

Se proactivo. La pro actividad es la actitud en la que la persona asume el pleno control de su conducta vital de modo activo, lo que implica la toma de iniciativa en el desarrollo de acciones creativas y audaces para generar mejoras, haciendo prevalecer la libertad de elección sobre las circunstancias de la vida. Implica asumir la responsabilidad de hacer que las cosas sucedan.

Algunas características de las personas proactivas son:

Busca respuestas a problemas de difícil solución en vez de espera a que suceda algo.

No se limita a efectuar las actividades que se le solicitan sino que crea nuevas oportunidades por medio de la búsqueda de información.

Adapta su manera de hacer a las condiciones del entorno. Tiene capacidad para subordinar los impulsos a los valores.

Desarrollar una conducta proactiva ayuda a afrontar problemas, prever consecuencias y orientarse a la innovación, de manera que cada persona pueda mejorar su competencia personal y profesional.

La capacidad proactiva implica competencias como búsqueda de información, trabajo en equipo, iniciativa, aprendizaje continuo.

Cuando quieras conseguir cosas importantes, no te hagas demasiadas preguntas, solo planifica y toma acción, pregúntate ¿qué riesgos tienen tus planes? No se trata de tener una visión pesimista de la situación, esto te va ayudar que en este mismo momento organices tu proyecto para aumentar la probabilidad de que se sostenga en el futuro.

Mantén tu pensamiento enfocado a soluciones. Muchos ejecutivos que se concentran solo en situaciones con dificultad de resolverlas, los analizan, los desmenuzan, los cortan en pedacitos pero, no poseen la capacidad, el talento y la inteligencia de encontrar una sola solución ante los obstáculos.

Incluso existen situaciones que en vez de solucionar los inconvenientes agrandan los obstáculos e impedimentos para salir avante de estas encrucijadas.

Cada que tengas un obstáculo , un inconveniente, piensa , forma y relaciona ideas en la mente , analiza con mucho talento y razonamiento cómo resolverlo, enfréntalos, cotéjalos y así los cortaras a la mitad o los puedes prevenir para que no se vuelva a presentar.

¡Aplica estos principios!

Cuando miro mi pasado, pienso que no era el mismo que soy ahora. Como llegue a desarrollar, mi determinación.

Era costumbre de abandonar mis proyectos rápidamente. Porque no conseguía resultados a corto plazo.

Cuando empecé a estudiar mi desarrollo personal, descubrí que uno de mis puntos débiles era la falta de determinación.

¿Qué hay de ti? ¿Eres perseverante, constante, obstinado?

Lo único que tienen en común de los seres que tuvieron éxito, es que todos esforzaron sus mentes, desarrollaron fuerza de voluntad, y llegaron a tener una determinación.

Toma acción:

- Si se presentan obstáculos, inconvenientes situaciones improcedentes e incorrectas tú dirás, declararas con pleno convencimiento.
- Nunca me rendiré, jamás claudicare o rendirse nunca jamás.
- Tras cada fracaso, vuélvete con más determinación con más osadía, valor y atrevimiento que la vez anterior.
- Llénate de actitud positiva a lo cierto, que no ofrece duda. Con absoluta determinación y repítete. Lo conseguiré, lo obtendré y lograre así se presenten talanqueras, palos en la rueda y los inconvenientes y dificultades más duras y severas de afrontar.
- No pares aunque parezca que no está pasando nada, es cuando está a punto de iniciar los verdaderos resultados, vuelve de nuevo a la carga.
- Toma ejemplos de personas exitosas, son los espejos, son los que ya experimentaron y lograron salir airosos en sus proyectos ¿la razón, por qué?

son personas con determinación, con decisión, con resolución, por ejemplo. Un político ha tenido muchos fracasos antes de conseguir su victoria. Recuérdate siempre, cada día o lo que más puedas.

- Cuando sea oportuno y necesario. Si ellos pudieron llegar al éxito con muchos fracasos, infinitos obstáculos y se levantaron, claro que tú también puedes emular el ejemplo de seres exitosos.
- Ten la perseverancia, la convicción y llegarás al éxito
- Nunca te rindas, no aflojes, se firme por que el éxito puede encontrarse tras la próxima curva, o tras la otra. Corazón no le hagas caso al fracaso que a la vuelta de una esquina o quizás donde menos creemos, otros sueños nos convidan.
- Nuestro fiel compromiso es que sí aplicas y sigues con determinación y firmeza, estos pasos lograrás tus metas y tus sueños.
- Seguramente los anhelados resultados no se lograran a corto plazo o de inmediato. Pero si tu determinación y total convicción es lograr tu éxito. Lo lograrás! La decisión. Es sólo tuya.

- Cada día trabaja duro y convencido en ti y verás grandes resultados.
- Tu determinación y convicción definirá tu futuro.

No abandones tus proyectos a mitad de camino. Se perseverante. Naciste para ganar, para triunfar!

Capitulo 4
Tener un Plan de Accion

"Es el carácter el que nos saca de la cama, qué nos motiva, es el compromiso que nos lleva a la acción y la disciplina que nos permite seguir adelante"

Zig Ziglar

Zig Ziglar conferencista y motivador profesional. Alguien que alcanzo el éxito y aprendió en base a su experiencia que el camino no está exento de dificultades y que el compromiso es la clave para superarlas.

Definamos con claridad que es un plan y se define como un programa, propósito, intención, idea, objetivo, fin, programa de las cosas que se van a hacer y de cómo hacerlas.

El plan de acción es un tipo de plan que te da las iniciativas más importantes para cumplir con ciertos objetivos y metas. De esta forma, un plan de acción se constituye como una guía que te brinda una estructura a la hora de llevar a cabo un proyecto.

Lo que el plan de acción te ofrece es una forma de alcanzar los objetivos estratégicos que ya es tan establecidos con anterioridad. Supone el paso previo a la ejecución efectiva de una idea o propuesta.

Recuerda siempre incluir en tus planes cosas que quieres ejecutar, producir, causar y cómo, también deben considerar las posibles restricciones, limitaciones y las consecuencias de las acciones y los futuros cambios.

¿Sabes la importancia de tener un plan de acción en tu vida?

La situación actual en todo el mundo, incluyendo las naciones o estados más poderosos o considerados del primer mundo es una de las situaciones económicas más volátiles de la historia de la humanidad, esta situación financiera y sin estabilidad no es ajena a ninguna micro-empresa, macro empresa , menos a nosotros como personas naturales y es por esta razón que , nuestra atención y energías están siendo asediados, sitiados, cercados, rodeados, incluso bloqueados, continuamente atacando nuestras economías, nuestros proyectos , nuestros ideales en todos los sentidos .

Todas las metas, sueños e ideas que nos aparecen hoy de forma clara y posible van perdiendo poder por qué no tenemos el enfoque de alimentarlas día a día.

Por las urgencias, inconvenientes, obstáculos, imprevistos, problemas e interrupciones.

Por esta razón te recomendamos elaborar un plan de acción por escrito para poder lograr nuestras metas ya que es vital, es una de las herramientas y estrategias para darle solidez, consolidación, fortaleza y cohesión.

Tener un plan, un proyecto que nos indique, que nos oriente y le dé la solidez y el camino seguro hacia nuestras metas.

Esta táctica o maniobra te mantendrá enfocado, enrutado en el camino correcto, en la ruta o camino del progreso y es uno de los instrumentos y artefactos que nos asistirá y ayudará a eliminar distracciones e interrupciones es decir momentos difíciles y que tenemos que afrontar y resolver correctamente.

El plan de acción es nuestra brújula de referencia hacia donde nos dirigimos y el punto de partida, nos recuerda cuál es nuestro objetivo y por qué hacemos las cosas.

Por eso es importante que tú tengas un plan definido y qué lo interiorices lo más significativo y sustancial que lo practiques y apliques. Que lo respires, lo sientas a toda hora, lo veas todo momento, hazlo parte de tu vida diaria. Tenlo siempre en la mente para contar con la motivación necesaria.

Si olvidamos el para qué lo haces, entonces no podrás explotar tu verdadero potencial interno. Si estas conectado con tu sueño o meta, sabrás donde estas yendo, cuál es tu verdadero destino. Esto determina con absoluta precisión y claridad lo que hay que hacer o ejecutar después.

Redundamos, recalcamos, reincidimos, ratificamos es importante que tu plan esté por escrito, documentado, agendado esto te ayudara a conocer las prioridades, preponderancias o primacías y será más sencillo, fácil y elemental si algo no funciona, no está bien engranado, por algún inconveniente y en estas condiciones negativas, lo puedas modificar , renovar, modernizar, restaurar, innovar, transformar, cambiar, reconstruir, sustituir o variar.

Tendrás el concepto claro, concreto y definido de eludir, rehuir, sortear, soslayar, escaquearse las frustraciones, fracasos, errores y pérdida de tiempo, el tiempo perdido es difícil casi imposible de recuperar.

¿Sabes cómo ejecutar un plan de acción?

La forma más fácil, practica, sencilla de solucionar, resolver, reparar, concluir, satisfacer, perfeccionar, corregir o salvar los problemas es, seccionarlo o fraccionarlo.

Te enseñaremos un ejemplo muy simple y fácil para lograrlo.

Habitualmente, es extremadamente difícil para el emprendedor hacer que su pequeña empresa o proyecto mantenga la operación de su negocio y además consiga proyectar un crecimiento adecuado.

El contexto o conjunto de circunstancias que rodean o condicionan un hecho más común para muchos es que la solución de las situaciones se dé conforme éstas se presentan, lo que conlleva a estar sólo y eso es lo que debes evitar a toda costa, apagando fuegos o resolviendo crisis, sin poder atacar la raíz de los problemas, coloquialmente se denomina: pañitos de agua tibia o es peor el remedio que la enfermedad.

La forma más sencilla de solucionar de raíz problemas prioritarios para la organización, la empresa o proyectos realizados, es simplemente dividirlo o fragmentarlo.

Este plan de contingencia de seccionarlo es posible mediante el diseño de un pequeño plan de acción que debes elaborar tú y tu grupo o equipo de trabajo especializado para tal fin.

Aquí te enseñamos un simple paso para elaborar un plan de acción.

Toma nota:

1. Define con claridad y exactitud los objetivos. Dicho plan de acción debe tener un objetivo claro, conciso y medible. No puedes iniciar un plan de acción si no sabes lo que quieres lograr con él ni en cuanto tiempo.

2. Detalla, trata, refiere, precisa, específica las estrategias. A partir de este punto se deben especificar las estrategias o técnicas y conjunto de actividades destinadas a conseguir los objetivos planteados con antelación. Éstas deben mostrar el camino que se seguirá durante el desarrollo y ejecución del plan de acción.

3. Plantea, propone, esboza, proyecta, programa y desarrolla las tareas. Luego, se debe plantear los pasos a seguir escalonadamente o tareas de cada una de las estrategias planteadas. Las tareas deben ser lo más específicas y detalladas con la suficiente puntualidad y claridad posibles, reflejando cada paso necesario.

4. Elabora, confecciona, fabrica adecuadamente una cartelera con:

Las tareas que deben tener tiempos específicos, fechas de inicio y fechas de finalización, para lo cual es aconsejable adaptar al formato del plan de acción, una gráfica de tu proyecto para tal propósito.

5. Delega, encarga, comisiona a personas calificadas responsabilidades. Se deben asignar los responsables de cada tarea, quienes preferentemente deben ser los que están involucrados en la elaboración del plan de acción. Esto significa que las personas responsables para

ejecutar el plan proyectado deben ser expertas y conocedoras en las tareas asignadas.

6. Ejecuta, realiza, efectúa, emprende el plan de acción. Ahora puedes proceder a la ejecución del plan de acción. Cada responsable ya sabe las tareas que debe ejecutar para cumplir con las estrategias, tácticas y maniobras planteadas y lograr el objetivo concreto, al final y conclusión de tu bien planteado proyecto.

La importancia de definir un plan de acción para lograr avanzar en sus proyectos

Todo plan de acción tiene una premisa principal que es definir o determinar, primero en qué lugar nos encontramos y segundo establecer el lugar a donde queremos llegar.

Lo que sigue a continuación es enumerar los pasos o las acciones que debemos seguir para lograr lo que se ha establecido como meta al comienzo, inicio, nacimiento del programa, propósito, intención y objetivo.

Muchos dirán que esto es evidente y obvio, que todos sabemos realizar planes o que lo hacemos pero luego de unos días surgen sucesos y obras más significativas sustanciales, notables, primordiales y valiosas.

Pues déjeme decirle que tiene que definir perfectamente las cosas que son más importantes preponderantes y significativas, para su porvenir y posteridad, al menos si tiene como intención mejorar su calidad y condición de vida para sí, para sus agnados, sus generaciones venideras y el mañana y panorama de su proyecto o empresa.

Que en el tiempo venidero o cuando fijemos nuestras miradas al infinito horizonte, el panorama o futuro, este lo encontremos en condiciones supremas e inmejorables que cuando iniciamos esta ardua y dura tarea, teniendo como mínimo todas las comodidades dignas que un ser humano debe tener para una supervivencia decorosa y lucida para sí y toda las personas que conforman su entorno familiar y afectivo.

Utilice o aproveche su tiempo libre para mejorar su calidad, su condición de vida, para aumentar sus perspectivas, no para perpetuar su estado actual, al menos que, este feliz con lo que tiene o ha logrado hasta el presente, todos tenemos que aspirar a lo preferible, porque todos deseamos y aspiramos a un nivel superior, ya que vivir de un modo sobresaliente, es crecer en todos los aspectos.

Lo más común y habitual, es que te preguntes como se hace un plan de acción, como lo inicio, de qué forma lo organizo, estructuro, fundo, instituyo, dispongo, establezco, instauro.

Que es lo más importante, que debo resaltar, que tengo que dejar de lado u obviar, donde encuentro la información que necesito. Debes entender, que dependen de cada emprendedor o persona que inicia con resolución acciones dificultosas, pues entandamos que cada uno de nosotros crea una idea muy propia y particular, pues es claro y propio que tiene su sello muy personal, íntimo, propio, particular, subjetivo.

1- Cuál es tú estado actual: Debes involucrar, implicar, comprometer, tus deseos y sueños, tus habilidades y capacidades, todas tus ganas e intenciones, debes utilizar un importante y determinado espacio de tu tiempo para trabajar y de esa manera podrás lograr lo que te propongas, para avanzar con absoluta seguridad hacia una determinada meta o fin.

2- Que resultados esperas para tus metas: Vas a determinar y a precisar el lugar, al sitio o meta a dónde quieres llegar, visualizaras los resultados que quiera lograr, vas a disfrutar plenamente al verte que has coronado con creces el final de tu meta, gracias a que has a seguido con mucho acucio los pasos que se han establecido y posteriormente y como el ser humano vive en plena evolución personal y revolución de las cosas e ideas, como es obvio y natural en nosotros, entramos luego planifica otro escalón superior, más lejos que tu primer plan.

Capitulo 5
Fijarse Metas

> "Las metas son el combustible en el camino al logro"
>
> Brian Tracy

Presidente del Brian Tracy International, especialista en planeación estratégica y desarrollo organizacional. Brian Tracy es una de las principales autoridades en Estados Unidos, en lo relacionado con el desarrollo del potencial humano y la efectividad personal.

Establecer objetivos y metas es crucial para conseguir lo que quieres, ya sea en los negocios o en tu vida personal.

Simplemente no hay otra manera de producir un verdadero cambio duradero. Mira de cerca a todo lo que has logrado en tu vida y descubrirá que probablemente hubo un objetivo bien planeado y bien ejecutado detrás de él.

Aquí están las razones por las que la fijación de metas es tan importante.

Claridad y precisión.

Los objetivos te dan claridad y seguridad en ti mismo, sobre lo que quieres. La mayoría de nosotros tenemos deseos vagos, imprecisos, confusos, indeterminados e inciertos que circulan y se anidan en nuestras mentes.

Si no se establecen en términos concretos, reales y puntuales, exactamente lo que deseas, vas a terminar en un círculo vicioso.

Entre más concreta y real sea la visión en tu mente, más fácil se va a ser realidad, lo que ocurre verdaderamente.

Responsabilidad y compromiso.

Cuando se establece una meta clara y segura e inicias a trabajar en ella, tú sientes responsabilidad y compromiso de llevarla a cabo.

Tienes que entender que si los objetivos no se logran, no tiene que ver nada con la influencia externa, solo tiene que ver con tu actitud, tus acciones y obligaciones contraídas.

No puedes culpar a los demás si no logras tus metas.

Tú eres el único responsable y comprometido con las obligaciones que has adquirido

Acción y operación.

Si tú defines tus objetivos claros, declarados y explícitos tendrás un plan de acción concreto.

No solamente deseando que sucedan las cosas, van a pasar o suceder.

Tienes que tomar acción con pequeños pasos que te van a llevar a tu objetivo final. Una parte importante de este proceso es dividir el plan en grupos escalonados y definidos con metas precisas para que te quede más fácil llevarlo a cabo diariamente o por periodos estipulados técnicamente de acuerdo al tamaño y valor del proyecto.

Motivación, causa y razón.

Sin una meta objetiva y puntual no puede estar enfocada, encauzada, dirigida, orientada, enfilada en lo que quieres alcanzar, especialmente cuando las cosas se ponen difíciles y confusas. El progreso diario te va a motivar a continuar hacia la meta que realmente persigues. Una vez que veas todo lo que has progresado no vas a querer volver atrás.

Es muy razonable porque si mis errores los enmiendo o corrijo a diario o por periodos cortos no se acumulan y es satisfactorio, esto se manifiesta claramente en proseguir avante y encaminado a mis ideales proyectados.

Enfoque, encauzamiento, rumbo.

Sin un enfoque claro, preciso, conveniente, es poco probable o quizás no alcances, conquistes u obtengas grandes logros y aspiraciones planteadas en tu vida. Tener una meta puntual y definida y un proyecto, propósito o plan para lograr o conquistar, esto te mantendrá completamente concentrado en lo que tienes que hacer para llegar a tus propósitos planteados. Si estableces metas claras y concretas va a ser más difícil que te distraigas con objetos brillantes o radiantes e intangibles que te pueden desviar o alejar de tu voluntad o determinación.

Es una manera de canalizar tus energías hacia la culminación, a la cúspide y a la casi perfección de tus metas y proyectos programados.

Una sola meta, un solo objetivo, una sola finalidad.

El establecer un objetivo o propósito es importante, pero hay una manera correcta y equivocada de hacerlo.

Como cualquier otra habilidad o actividad, es algo que tienes que aprender y practicar.

Buena cantidad de personas que aplican estos procesos en sus metas, proyectos, ambiciones, no aprende de sus errores al fijarse fines o propósitos, es decir se caen se levantan pero no corrigen su caída, para no volver a derrumbarse por el mismo error. Si quieres hacer muchos cambios en tu vida te recomendamos hacer uno a la vez. Elije lo más importante considerable, significativo, sustancial, valioso, trascendental, fundamental, sólido y vital, urgente para ti y concéntrate y reflexiona en ello.

Aplicamos un refrán de carácter coloquial el que mucho abarca poco aprieta.

Sea inteligente, ingenioso he instruido a la hora de fijar tus metas.

Puedes lograr cualquier objetivo razonable en tu vida si sabes establecer metas bien definidas y concretas. Desafortunadamente buena parte de nosotros no lo aplicamos menos lo hacemos como establecen las normas o guías a seguir.

Es muy usual y común en nosotros dejarnos orientar por personas que han obtenido conocimientos empíricos a través de los años creyendo que son expertos en la materia pero estemos alerta con este tipo de conocimientos sin fundamentos y argumentos técnicos y científicos.

Capacitémonos e instruyámonos en institutos y establecimientos debidamente autorizados y competentes.

Una meta, un objetivo, una finalidad debe de ser:

En tiempo determinado, establecido, acordado.

Específica, detallada y precisa.

Medible, mensurable y ponderable.

Orientada y dirigida a la acción, al hecho a la operación.

Realista, positiva, objetiva y práctica.

Contemplemos más a fondo el significado de estas acciones.

Específico:

Ser específico ayuda a centrarse exactamente cómo vas a alcanzar tus metas.

Ser claro y preciso, en lo que estamos enfocando y especialmente a un fin determinado.

Comience por crear una declaración, explicación, exposición, afirmación, que aclare y demuestre lo que vas a ejecutar, realizar o emprender. Utilice la frase, lo haré.

Ahora, pregúntese, el qué, el por qué y el cómo de esta meta para refinarla, depurarla y mejorarla.

Que sea lo más detallado y preciso posible. Esto te ayudará a generar los sub-objetivos en lo personal, intrínseco, relativo, propio, individual, los pasos y guías que debes tomar para llegar hasta tus objetivos.

Medible o ponderable:

Tienes que saber cómo medir o ponderar tus metas. Determinar el valor de lo que pretendes, como objetivo, considerar las ventajas o inconvenientes que implica mi meta u objetivo.

Los resultados tienen que ser medibles y mensurables. Si quieres ganar más dinero, por ejemplo, optar por una cantidad específica de dólares que le gustaría estar haciendo por años. La gran cosa sobre la fabricación de objetivos mensurables es que se puede ver fácilmente su progreso y esto te mantiene motivado para trabajar en él.

La medición o estadísticas de los logros son fundamentales y una herramienta básica para establecer la situación actual con relación al pasado y futuro de mis propósitos.

Orientación, tendencia, colocación dada a la acción a lo que se hace o realiza.

Eliminar el rol, papel o conducta pasiva para realizar algo fructífero y positivo o realizar actos con un fin determinado, en un ámbito específico y que afecta, incluye o comparte con los actores de las metas propuestas.

Conquista o tomas acción en un hecho o nunca alcanzaras tus objetivos. Te recomendamos que dividas o porciones tus objetivos en metas pequeñas de esta manera las acciones son más específicas y van a tener mejor resultados. Piensa en las cosas que puedas hacer ahora para que te acerquen más a tus metas. Es importante dedicar, asignar y destinar tiempo para reflexionar sobre el plan de acción y evaluar y diagnosticar los resultados. Si no estás consiguiendo los resultados que deseas has los cambios necesarios.

Realista, efectivo, práctico, acertado y objetivo:

Debemos de actuar de manera práctica y que nuestro propósito se ajuste a lo real, conciso, practico y objetivo.

Los objetivos sólo funcionan cuando son realistas. Lo que esto realmente significa es que puedes ver el panorama general de lo que tienes que hacer. Pregúntate a ti mismo si esta meta es algo que puedas hacer o que incluso quieras hacer.

Toma el espacio, el periodo de tiempo rigurosamente necesario para pensar, discernir, razonar acerca de tus fortalezas y debilidades. ¿Qué partes van a ser fáciles de evacuar y resolver y que situaciones nos van a presentar obstáculos y dificultades, va a ser difícil? Desarrolla un plan para los desafíos y retos que vamos a enfrentar, encarar y por ende contrarrestar.

Tiempo determinado o establecido:

Establece un calendario, una agenda donde controles los programas de actividades o trabajos detallados para cuando vas a cumplir tus objetivos y sub-objetivos. Teniendo en cuenta que esto es difícil de estimar si no lo has hecho antes. Hacer la mejor estimación posible y cambiar su marco de tiempo ligeramente si es necesario.

A menudo nos encontramos con que se necesita más tiempo de lo previsto. Sin embargo, es necesario tener un plazo definido para añadir urgencias a la misma.

Una gran manera de planificar su objetivo es utilizar los mind-map. Los mind-maps son herramientas visuales utilizadas para intercambio de ideas y el establecimiento de tareas. En el centro es su objetivo principal y todos sus sub-metas ramifican hacia fuera de él. A continuación, puede definir plazos y exactamente cómo va a llegar a todos sus sub-objetivos. Los mind-maps establecen planificación de objetivos en un formato visual que hace que sea fácil para que usted pueda ver el panorama completo.

Orientada y dirigida a la acción:

La información o pauta que tengamos sobre una meta debe ser lo más concreta y correcta para que sea determinante, es decir bien direccionada y bien dirigida.

Con el fin de ser alcanzables las metas, los objetivos deben ser específicos, concretos, definidos y determinados.

¿Cómo se puede llegar a una meta cuando usted no está seguro y evidente exactamente del tratado a lo referente? Los objetivos deben ser claros y lo más detallado posible. Una manera de aclarar sus objetivos es preguntarse: el qué, cuándo, quién, por qué y cómo.

¿Cuál es su meta, su objetivo, su ambición?

Cuando vaya a decidir qué es exactamente lo que desea, hacer una declaración que incluya todos los detalles que sea tangible, concreto, evidente, real y material.

En vez de decir que quieres ahorrar dinero, decidir sobre una cierta cantidad de dólares. Si quieres perder peso, decidir cuántos kilos quieres perder. Toma ya una simple declaración como voy a tener más confianza en mí mismo y convertirlo en un plan de acción detallado.

¿Cuándo vas a lograr tu meta, tu propósito, tu objetivo?

Es importante que tengas una fecha específica para cuando quieres ver realizadas tus metas. Tú debes de hacer esto no solo para el objetivo principal sino también para todos los pasos que se requieren para llegar a tus propósitos o fines planificados.

Debes crear un calendario claro mientras trabajas para alcanzar tu objetivo.

¿De quién necesitas ayuda, asistencia, apoyo?

Emprender fines, objetivos, creación de empresas o microempresas o cualquier fin que sea con propósitos y metas lucrativas o pecuniarias es casi imposible no contar con la asistencia técnica o profesional de un experto en la materia, de buscar auxilios, amparos, protección con seguros específicos que defiendan mis intereses en un eventual crisis financiera, conocer los derechos jurídicos del país de turno que va a defender y a proteger mi empresa o mi meta preestablecida, el apoyo de las autoridades análogas, llegar en casos a las alianzas con empresas homogéneas para fortalecerme económicamente, todo esto está considerado en que necesitamos ayuda de una u otra manera. No podemos pretender conformar nuestros propósitos solos así seamos personas naturales.

No vas tener metas que puedes cumplir tu solo. Te vas a dar cuenta que necesitas de personas que tengan cierta experiencia, talentos, capacidades, cualidades que van a servir de apoyo para realizar tus metas.

Si tu fumas o eres adicto o dependiente a cualquier sustancia que te cause adicción, vas a necesitar de personas que te animen, que te apoyen inclusive de profesionales en psicología que te hagan entender los efectos dañinos del tabaquismo y sustancias prohibidas o simplemente que te causen daño físico y mental. Si quieres formar una empresa exitosa vas a necesitar de todas las cualidades de este equipo de trabajo para lograrlo.

Decide claramente que es lo que quieres y a dónde quieres llegar y que personas necesitas antes de empezar.

¿Cómo vas a conseguir tus metas, tus fines, tus ideales?

Debes de tener una meta específica y una fecha determinada. Lo que normalmente las personas exitosas hacen es dividir toda la meta en metas pequeñas. Si las pequeñas siguen siendo grandes dividirlas aún más hasta que sean manejables.

Lo que verdaderamente te va a ayudar es que tomes acción diaria y de esta manera te vas a acercar más a tu meta.

Una vez hayas dividido esas metas, en metas pequeñas vas a tener claro el camino que debes tomar para llegar al propósito que quiero emprender.

¿Por qué lo quieres?

Se honesto y claro contigo mismo porque quieres alcanzar tus metas y cuál es la razón. Mantén en mente estas dos razones mientras recorres el camino para llegar a tus fines.

Teniendo estas razones en mente te va a motivar y te va a inspirar cuando encuentres altibajos a no desenfocarte de tus propósitos.

Una buena manera de descubrir las respuestas a estas preguntas es visualizar. Imagínate a ti mismo en el futuro después de que hayas alcanzado tu meta.

Imagínate también adoptando las medidas que debes tomar para llegar allí. Esto te ayudará a encontrar las respuestas realistas a las preguntas anteriores.

Mantén el rumbo a tus metas:

Mide tu progreso

La prosperidad, el avance, el adelanto, el auge, el crecimiento, el impulso de tus metas o propósitos plasmadas en tu empresa son los mejores indicadores del rumbo o dirección que lleva tu empresa y por ende tus metas propuestas, aquí están las ventajas en el desarrollo, evolución y ascenso de tus fines convertidos en empresa.

Una de las partes más importantes de medir tus metas es medir el progreso. Este es un motivador poderoso que te va a dar una imagen realista de tu meta.

Hechos y cifras:

No importa qué tipo de metas que hayas establecido, tienes que encontrar la manera de medir el progreso. Sí estás haciendo dieta o ahorrando dinero es fácil de calcular, evaluar o valorar porque puedes medir el progreso el retroceso o estancamiento de tu dieta o de tus ahorros.

Agéndate, organiza tu cronograma de trabajo por escrito:

Las agendas, bitácoras o cuadernos llevados como diarios son de suma importancia para definir en tiempo real y programable mi tiempo para lograr objetivamente mis metas y propósitos como persona y empresa.

Con el fin de alcanzar una meta, es necesario dividirlo en sub-metas y ponerlas en algún tipo de marco de tiempo. Esta es la forma de organizar tu tiempo y espacio de vida. Es también una gran manera de trazar tu progreso. Tú puedes ver si estás cumpliendo tus objetivos o no.

Cumplir con un horario es importante, pero, dar un poco de flexibilidad y ser razonablemente y tolerante. El verdadero punto de establecer estos plazos es para monitorear el progreso. Cambie a medida que avanza, si es necesario.

Mantén un diario:

Lo cotidiano, lo habitual, lo usual, las ocurrencias diarias es una historia que escribes para analizar positiva o negativamente las metas establecidas y tomar decisiones acordes a lo que estoy escribiendo a diario en mis boletines que son los sucesos prácticos de mi empresa.

Cuando ya has decidido cuáles son tus metas, se puntual y especifico, de cómo vas a trabajarlas y escríbelas en la primera página de tu diario. Esta agenda va a ser tu mapa. Saca un poco de tiempo a diario para que escribas como va tu meta. Imagínate que estas escribiendo una carta de tu futuro. Esto no tiene que ser detallado o demasiado, solo escribe que hiciste en el día y cómo te sientes al respecto de lo que haces.

Lista de verificación:

Como sucede en un vehículo automotor antes de emprender su jornada operacional, existe por los fabricantes y empresas de transporte unos formatos que se denominan lista de chequeo, existen las revisión diaria, mensual, anual o por kilometraje y se confrontan las evidencias recolectadas con las de los fabricantes y esta comprobación supervisada es considerada como mantenimiento preventivo igualmente es fácil de aplicar una lista de verificación en nuestra empresa y podía denominarse comprobación y confrontación para prevenir eventualidades negativas y llevar una lista de su producido.

Otra idea incluso más fácil que un diario es mantener una lista de verificación. Cuando se completa una tarea, simplemente marque hecho/realizado.

Puedes crear una hoja personal o encontrar una en línea que puedas descargar. El uso de un calendario es otra manera de hacerlo.

¿Quién tiene el tiempo?

Todas estas recomendaciones que te damos toman tiempo en tu apretada agenda.

Cuando tú estés trabajando hacia una meta importante, puedes pensar que no estas logrando mucho. El poco tiempo que tú tienes para medir tu progreso es de gran beneficio. La clave es el tiempo que tú decides dedicarle a medir tu progreso.

Convierte tus metas en acciones. Cuando tomas acciones para cumplir tus metas debes elegir objetivos tangibles, concretos, reales, evidentes. Esto va a significar que cada vez estas más cerca de tu meta propuesta.

Mantente realista:

No te olvides que la razón principal de dividir tus metas es para que sean más realistas. Cualquier objetivo es alcanzable cuando se divide pequeñas metas y fijes plazos realistas para cumplirlas.

Supervisar tu progreso:

Un viaje de mil millas comienza con un paso. Vigila, controla, revisa, observa tu progreso y regístralo en tu diario. Esto muestra lo lejos que has llegado en el trabajo hacia tu meta y esto te motivara más para cumplirla.

Cómo saber si tus metas son realistas?

Tú puedes hacer todo posible si sabes establecer tus metas, más debes de ser realista, concreto, practico, puntual. Cuando hablamos de metas, ser realista significa simplemente mirar el cuadro grande. Con suficiente compromiso, planificación y determinación, se puede lograr lo que razonablemente nos proponemos incluso derribando barreras e inconvenientes que es normal que se presenten.

Evalúa tus habilidades:

Para lograr tus objetivos debes conocer tus habilidades. Si no las tienes las puedes desarrollar. Sí no tienes todas las habilidades que necesitas, eso no significa que sea imposible. Lo que significa es que tienes las habilidades para aprender. El aprendizaje de estas habilidades te proporcionara las sub-metas que te llevan más cerca de alcanzar tu objetivo principal.

Los recursos que necesitas:

Junto con las habilidades, ¿tienes los recursos que necesitas para alcanzar tus objetivos? Si deseas lograr tus metas vas a necesitar de buena cantidad de recursos, requerimientos, procesos técnicos, técnicas de aprendizaje y actualizaciones mediante capacitaciones presenciales y virtuales para arribar con éxito a un punto de llegada.

Puede que necesites información de cómo llegar hasta la meta, si no tiene acceso a lo que necesitas, haz un plan para conseguirlo.

Consideraciones de tiempo:

Cuando se trata de ser realistas en cuanto a los objetivos, el tiempo es probablemente la mayor consideración. Todos los objetivos tienen tiempo para llegar. ¿Sabes el tiempo que vas a tomar? Una buena manera de resolver esto es leer y documentarse con argumentos y soportes sobre el tema o entablar relaciones con personas o representes de empresas que tienen experiencia acreditada especialmente con experticia en lo que esté en tu proyecto o meta.

Utiliza esta información para crear un marco de tiempo para ti mismo. Importante, significativo y sustancial crear un cronograma de actividades tomando ejemplos realistas y puntuales de quien ya ha ejecutado estas actividades.

Identifica tus obstáculos, inconvenientes y dificultades:

En cualquier empresa que emprendamos por prospera, eficiente, planificada con todos los recursos técnicos y financieros, equipos de última generación, jamás faltaran los impedimentos, las trabas, las dificultades humanas y técnicas y todo tipo de obstáculos para cumplir con los objetivos planificados por los que programan sus metas.

Anteriormente, escribíamos acerca de prevenir e identificar las dificultades, los impedimentos mediante una lista de chequeo que nos ayuda a prevenir los inconvenientes que se puedan presentar, pero existen impedimentos impredecibles o de fuerza mayor que necesitamos corregir y luego identificarlos para evitar obstrucciones futuras.

Es posible que en tu vida no hayas podido superar ciertos obstáculos, por eso es importante que los identifiques para que te permitan cumplir con tus metas.

Es importante que antes que empieces cualquier proyecto sepas cuales van a ser tus obstáculos para que cuando llegues a ellos sepas como manejarlos. Aprende de la experiencia de otros que han hecho esto antes.

Por ejemplo, si desea convertirte en un abogado, un profesional o tecnólogo revisa, infórmate, documéntate bien para emular con suficiencia y capacidad sobre lo que se necesita para alcanzar los propósitos alcanzados por estos profesionales.

Relacionarse con otras personas o representantes de empresas que han adquirido experiencia en tus metas propuestas con absoluta seguridad también te ayudaran a determinar si es viable o es mejor descartar tus propósitos y objetivos idealizados. Ten en cuenta es loable, encomiable y plausible estar dispuesto a dar todo de ti para alcanzar tus metas.

Fija un plazo para cumplir tus metas.

Reiteramos, Iniciando te hemos hablado de la planificación de los objetivos.

Ahora recordémoslos:

Tiempo determinado

Especifica

Medible

Orientada a la acción

Realista

¿Alguna vez has escuchado temas relacionados con la planificación de objetivos de SMART? Esto significa: específicos, medibles, orientada hacia la acción (o posible), realistas y oportunos.

La última es probablemente la más importante. Tus metas necesitan un marco de tiempo porque si no lo tienes nunca vas a llegar a tus metas. Todos tenemos la intención de alcanzar nuestras metas, sin embargo cuando vamos sobre la marcha, los pendientes y las urgencias del día a día nos pueden descarrilar de nuestros objetivos cuando estos carecen de claridad y definición. Los objetivos SMART son una gran herramienta para ayudarnos a mantener la dirección, fueron propuestos por George T. Doran y manejan 5 elementos fundamentales para lograr un establecimiento de metas.

Cómo establecer plazos.

La base de establecer plazos es el tiempo. El primer paso en la creación de los plazos es definir el período de tiempo global. Pregúntate si esta meta tardará unos años, meses, semanas o días para cumplirlas. Elije un día en el futuro que sea realista y no te preocupes si hay que hacer cambios.

Cómo hacer sus plazos más eficientes.

Manténgase flexible.

Los plazos te van a ayudar a hacer las cosas en el tiempo planeado. El marco de tiempo le da un sentido de urgencia. Pero te sugerimos que no entres en pánico. La flexibilidad significa que estás dispuesto a cambiar de rumbo y ajustar si es necesario, pero no te apartan de tu sueño en general. Eso pasa a veces, pero no dejes que eso te impida alcanzar sus metas.

Queremos compartir las 4 maneras de cómo puedes fracasar.

Napoleón Hill dijo: "Una meta es un sueño con una fecha límite". '¿Eres bueno para soñar?, entonces debes sonar en concordancia con tus objetivos? Si no es así, algo que te está frenando.

Aquí compartimos cuatro de las razones más comunes por las cuales las personas no logran alcanzar tus metas.

La razón se aleja de usted.

Sabes que para alcanzar una meta se toma un tiempo. Durante ese tiempo, es fácil desviarse de la verdadera razón. De hecho, es muy posible que se olvide por completo.

¿Cómo evitar que esto pase? Una buena manera es escribirlo. Pregúntate por qué quieres hacer este cambio y responde lo más honestamente posible. Toma ese pedazo de papel y escribe constantemente.

Tú también puedes encontrar la motivación para llegar a la meta propuesta, sobre todo cuando encuentras problemas en el camino. Debes mantener una declaración escrita de por qué quieres lograr tus metas.

El maestro de todo, él sabelotodo.

Si tratas de hacer demasiadas cosas a la vez vas a desperdiciar todas tus energías. No vas a tener el enfoque que necesitas para llegar a tu meta, eso lo va a ser más difícil para tus logros. Pero, ¿qué puedes hacer si eres una persona ambiciosa con mucho en tu plato? La solución es hacer una lista enorme de metas y sólo debes elegir una, la más conveniente, la que mejores propuestas y resultados me ofrezca, que esté al alcance de mis recursos y la que más se adapte a mis gustos y capacidades. Apliquemos esta frase coloquial pero realista: El que mucho abarca poco aprieta.

Tu negatividad será tu propio obstáculo.

A menudo, nos quedamos cortos de lo que queremos porque nos centramos demasiado en los aspectos negativos.

A veces piensas en lo que no quieres en lugar de visualizar tu futuro con éxito.

Por ejemplo, si tu objetivo es aumentar tus ganancias, mejorar tu estilo y calidad de vida, deja de preocuparte en el estado financiero que tengas ahora y piensa en lo que quieres lograr.

Esto te va a motivar a mantenerte enfocado en el camino de lo que verdaderamente deseas.

Matar y controlar el miedo.

El miedo es sinónimo de terror, pavor, espanto, pánico, horror, asombro, resquemor, desasosiego y es el causante de la ambigüedad, de la incertidumbre, de la actitud negativa y quejosa de innumerables enfermedades y lo peor aún ha causado innumerables derrotas en guerras y batallas, deportistas bien dotados y con pergaminos de campeón con una preparación y metas planificadas terminan derrotados por no matar o como mínimo no controlar el pánico frente al rival de turno.

Cuántas empresas han fracasado cuando es dirigida por administradores timoratos, inseguros, por su ambigüedad conjugada con el pánico, cuantos buenos estudiantes no ingresan a una prestigiosa universidad no por su capacidad más bien los doblega el temor y el miedo a las pruebas para poder registrarse como estudiante .

Muchos no avanzan en sus objetivos por causa del miedo, que es perfectamente natural. Si tienes un gran objetivo por el cual estas trabajando hay una buena probabilidad de que sea algo que nunca has hecho antes y te puede producir un poco de miedo.

Cuando tienes miedo, por lo general es porque dudas de tus habilidades. Recuerda que el miedo es el primer paso al fracaso si no lo sabemos manejar, pero con una planificación adecuada, esto no es un problema en absoluto.

Si rompes tus metas en sub-metas y acciones cotidianas que te llevará más cerca de ellos, sólo se convierte en una cuestión de logística. Un buen plan con medidas concretas te ayuda a superar el miedo.

Toma acción hoy.

La razón principal por la que fallamos en nuestras metas y objetivos es que no asumimos una actitud de tomar con decisión una acción inmediata.

Esto podría ser debido al temor antes mencionado o por otras razones, pero es esencial hacer esfuerzos y propósitos, cada día que te acerquen a tus metas.

Esto te ayudara a entender tus propias capacidades y habilidades con más facilidad, y te proporcionara más confianza cuando creas con firmeza estás más cerca de conseguir lo que quieres. No dejes para mañana, lo que puedas hacer hoy.

¿Qué te impide ponerte o colocarte metas?

¿Tienes una meta que quieres lograr, pero hay algo en el camino? El primer paso es establecer tu meta y aclararlo lo más específicamente posible.

Si estás teniendo problemas para hacer eso, aquí hay algunas preguntas que debe hacerte.

¿Tienes miedo, pánico, horror, pavor?

A menudo, es el miedo que te impide empezar. Con el fin de alcanzar tu objetivo y hacer un gran cambio en tu vida, tienes que salir de tu zona de confort. También puedes tener miedo al fracaso. Sorprendentemente, muchas personas tienen miedo de tener éxito y alcanzar sus metas. La manera de manejar el miedo es planear bien, detener el diálogo interno negativo, y centrarte en tus logros del pasado en lugar de lo que podría suceder en el futuro.

¿Es realmente lo que desea?

Al responder a esta pregunta con honestidad, puede ser una revelación. Puedes descubrir que no estás todavía listo para hacer el cambio. A veces nos gusta la idea de alcanzar nuestra meta mejor que la realidad.

La mejor manera de averiguar si este es el caso es considerar de manera realista todo lo que tendrás que hacer para lograr tu objetivo. Escuchar las historias de otros que lo han hecho y se pregunta si vale la pena.

¿Es tu meta o la de otra persona?

¿Es la meta en realidad tu meta? Es muy común interiorizar las cosas que otros quieren para nosotros. La otra persona puede ser un familiar, una pareja romántica, o personas en el trabajo. Cuando el objetivo no es realmente tuyo, para empezar, es mucho más fácil de ceder bajo la presión cuando las cosas se ponen difíciles. Pregúntate a ti mismo si es lo que realmente quieres o lo que realmente quieren.

¿Estás demasiado ocupado?

¿Realmente tienes el tiempo para adaptarte a esta meta en tu vida en este momento? El logro de cualquier meta que vale la pena invertir una considerable cantidad de tiempo. Muchos son pobres en tiempo y simplemente no tienen espacio para ello.

Tú puedes aprender a manejar mejor tú tiempo y cambiar tu horario alrededor, pero a veces incluso eso no ayuda.

Establecer un calendario realista para tu objetivo y averiguar lo que tendrás que hacer cada día para lograrlo.

Cómo empezar.

Probablemente la cosa más grande que impide que las personas logren sus objetivos es que no saben por dónde empezar. La planificación de objetivos es una habilidad como cualquier otra y la mayoría de las personas no están preparadas para eso. Comienza por aclarar lo que quieres y luego establece un plazo de tiempo para cuando deseas lograrlo. A continuación, organiza tu objetivo en pequeños sub-objetivos y hacer una lista de cada una de las acciones que debe tomar para alcanzarlos.

Cómo mantenerte enfocado en tus metas y permanecer motivado.

¿Alguna vez has trabajado hacia una meta que más tarde te das cuenta que has perdido el rumbo? Cuando tú estás trabajando hacia una meta, no es suficiente con desearla. Más aún si se trata de la realización del sueño de tu vida, tienes que mantenerte constantemente motivado o de lo contrario perderás el rumbo.

Estos son algunos consejos sobre cómo mantener el rumbo y hacer que suceda.

Mantener el momentum.

Es fácil renunciar a un objetivo cuando se toma demasiado tiempo de descanso de él. El impulso que necesita para seguir adelante viene de tomar la acción hacia su meta diaria. En el deporte es el ejemplo bien contundente, si un deportista que practica el duro deporte del ciclismo deja de entrenar y practicar sin algún motivo de fuerza mayor, lo más seguro es que el ciclista abandone por mucho tiempo y en algunos casos definitivamente sus metas y objetivos pues es cierto que cualquier deporte necesita tiempo, dedicación, disciplina como cualquier actividad así no sea física sino intelectual.

Confianza o duda.

Si tienes un gran objetivo, el miedo al fracaso puede estar al acecho en tu mente. Esto puede causar problemas con tu confianza que puede dar lugar a que renuncies. La mejor manera de mantener tu confianza es recordar tus éxitos y logros del pasado.

Está pendiente de tu progreso.

Manteniéndote enfocado en tus metas vas a poder ver la cantidad de progreso que has logrado. Te recomendamos que lleves un registro de tu progreso para que mires los resultados que has tenido cuando quieras rendirte.

Hazlo positivo.

La positividad es mejor motivadora que la negatividad. Si tu objetivo es salir de tu trabajo actual, dejar de fumar, o romper tus malos hábitos, trata de darle un giro positivo en ella.

Supera los obstáculos.

Siempre vas a encontrar obstáculos en tu camino que te pueden desviar de tus metas. Sin embargo, un obstáculo es realmente nada más que un desafío. Lo que se requiere es un cambio de estrategia y eso es todo. Cuando te quedas atascado y sientes que no puede seguir adelante, revisar tu meta y el proceso que has creado para llegar allí.

Aprende de los errores.

Cuando cometes un error o piensas que eres débil, no te juzgues por eso. Al contrario mira objetivamente y hazte las siguientes preguntas ¿Por qué ocurrió el error? ¿De dónde viene? Analiza que paso y utilízalo como una experiencia de aprendizaje.

Pide ayuda.

Muchos tratan de hacer todo por sí mismos y evitan pedir ayuda, incluso cuando la necesitan. Es increíblemente difícil de alcanzar una meta sin ningún tipo de apoyo.

Identifica algunas de las personas que te pueden dar apoyo cuando estés en momentos difíciles recurre a ellos.

Es un proceso continuo de ajustes a un propósito determinado, es una herramienta de gran poder para fijar un curso por la vida significativo y con gran satisfacción. El proceso de tu meta personal que fijes es de gran alcance, de modo que inicias el proceso debes confiar en ti y en los que te apoyan.

Para algunos, el proceso parecerá difícil, pero una vez que hayas encontrado una manera de hacerlo, se convertirá en un hábito.

Vas a experimentar que eso que parecen las paredes impenetrables para tus metas no son nada, solamente está en tu mente negativa. Se convertirá en tu llave maestra que abre todas las puertas, donde obtienes lo que realmente quieres. Una meta es algo que no hemos logrado. Por lo tanto, necesitamos trabajar para lograrla.

Cuando tenemos metas en la vida, tenemos la esperanza, nos sentimos con vida, energía, optimismo.

¿Tienes tú ya una meta por qué vivir?

¿Qué necesitas para lograr tus metas?

Organización.

No te límites por lo tanto que hay por hacer, el día solo tiene veinticuatro horas, se trata de planificar el tiempo y dividirlo en prioridades.

Por ello debes llevar un orden en tu conducta, una disciplina bien aplicada a tus programas y un cronograma de actividades bien definido y debes establecer las prioridades necesarias para tus metas y propósitos.

La forma coordinada y regular de funcionar o desarrollarse algo significa parte del orden y la estructura con un ordenamiento eficaz.

Compromiso.

Para tus fines y propósitos debes aplicar todos los sinónimos de estar comprometido contigo mismo, recordemos que son nuestros deberes por aplicar, nuestras obligaciones con nuestras metas, cumplir con acuerdos pactados con absoluta responsabilidad. Es estar dispuestos a pagar el precio por alcanzar nuestras metas.

Se refleja en nuestra conducta y en el trabajo que les dedicamos. Sino estas aplicando estos principios entonces no estas comprometido con tu futuro.

Adaptación y flexibilidad.

Debes tener claro que el mundo está cambiando constantemente y no tenemos control sobre la conducta y sentimientos de la gente que nos rodea. Ni los acontecimientos diarios. Esta parte es muy importante querido lector porque es donde las personas se rajan o abandonan las metas, por el hecho que siempre van a ver imprevistos o las cosas no son como pensábamos, es necesario tener la capacidad de hacer los cambios que se requieran.

Te animamos que no te rehúses a los cambios más bien adáptate a ellos y démosle un manejo inteligente y apropiado. En lo relativo a obstáculos comentamos lo relacionado y otros aspectos donde debemos aplicar los principios de adaptación, tolerancia y flexibilidad.

Auto-motivación.

Es la parte que tú tienes que labrar y cultivar, es la energía que surge de nuestro interior. Esta fuerza y este poder. Es la que controla el resto de las emociones y pensamientos y tú debes aprender a canalizarla y proyectarla con enfoque a lo que quieres. Ya que esta potencia y vigor transformado en energía está basada en nuestros deseos y valores más importantes.

Auto-control emocional.

Las emociones son las que controlan la reacción ante algo que nos sucede, ya sea positivo o negativo y son parte de todos nosotros.

Pero es necesario distinguir cuándo tenemos que controlarlas, para actuar de acuerdo a la razón.

¿Qué pasos necesitas para tener éxito?

Al establecer tus metas.

¿Qué es lo que tú quieres?

Aquí es donde la mayoría de las personas no saben lo que quieren, para lograr tus metas es necesario que sepas tus necesidades.

Sí sabes tus necesidades lo coherente es trabajar en ellas como primera medida, sin olvidarnos las necesidades de los demás, aunque no sean tu responsabilidad es importante tenerlas en cuenta.

Si no tienes claro lo que quieres lo puedes averiguar o investigar, al igual lo que no quieres.

Pregúntate:

¿Por qué o para qué quieres hacerlo?

¿En qué me perjudica ahora, el no tener o hacer?

¿Cómo puede cambiar mi vida si lo hago?

¿Qué tipo de persona voy a llegar hacer?

Recuerda siempre que es de suma importancia que seas realista en la meta y en los beneficios.

¿Por qué debo fortalecer tu confianza?

Para tener éxito, lo primero es que creas y confíes en ti, que tengas plena confianza que lo vas a lograr.

Piensa en todas las veces que sí has logrado lo que te has propuesto, aunque creas que son logros que no valen la pena.

No los califiques de acuerdo a su importancia o magnitud.

Ten en cuenta que tú puedes, que ya lo has hecho de pronto en escala pequeña, pero eso es muestra que lo puedes realizar y ejecutar en cualquier escala, lo que no sabes no te preocupes, lo puedes aprender.

Escríbelo y practícalo regularmente para que te lo recuerdes, te va ayudar cuando te sientas desmotivado o cometas algún error. Educa tu mente para que frases como esta "Si no lo he logrado, puedo aprender a hacerlo" sea parte de tu vida diaria y la conviertas en una realidad. Si has intentado hacer algo varias veces y no has tenido éxito, no te preocupes es parte del proceso, quizás necesitas hacerlo de forma diferente o tal vez necesitas ayuda.

Establece un compromiso contigo mismo.

Ten en cuenta siempre las consecuencias positivas y negativas que vas a obtener y lo que necesitas hacer para lograrlo.

Pregúntate:

¿Si vale la pena el esfuerzo y sacrificio que tienes que hacer?

Si no estamos dispuestos a pagar el precio por lo que quieres. Entonces, tu meta no es realmente tu objetivo principal.

Que metas son las que realmente te motiven para que salgas de la zona de comodidad, que tu corazón y tu mente estén involucrados.

Por qué tomar la responsabilidad.

Para tener éxito en nuestras metas y en nuestra vida, es necesario reconocer que una gran parte de lo que nos sucede, es el resultado de nuestras decisiones y conductas.

Cuando no lo aceptamos y culpamos a los demás, a la vida, la suerte, etc., nos estamos mintiendo a nosotros mismos. No te hagas la víctima. Ni te sientas incapaz.

Tú puedes engañar al mundo entero, pero a ti mismo jamás.

Estas actitudes venenosas, nos paraliza y nos lleva a tomar decisiones equivocadas. Reconocer que cometimos un error, es un acto de valor y honestidad. Nos da la posibilidad de corregir y aprender. Negarlo, no elimina el error, sólo lo aumenta. Recuerda que eres imperfecto y por lo tanto falible, engañoso, inexacto, erróneo e incierto.

No somos, ni vamos a ser perfectos, menos infalibles, pero siempre podemos mejorar. Siempre podemos aceptar nuestras responsabilidades.

¿Cuándo escribir tu meta? Cuando? Hoy mismo, no escribimos una meta, que queda como la neblina esperando el día para desaparecer como simple fantasma.

Como dice el proverbio lo que está escrito, escrito esta y realmente es lo que vale. Ahí están las evidencias. Al tu escribirla, puedes ver tus objetivos con mayor claridad y puedes comprometerte contigo mismo.

Escribirla de manera clara y específica, de lo contrario así como escribes así será el resultado se concretó con tus metas. Eso es lo que va hacer que tú puedas llegar al final.

Es importante escribirla en forma positiva: lo que sí vamos a hacer y no lo que queremos dejar de hacer.

Es mejor decir:

Voy a organizar mí tiempo, que decir voy a ver como hago.

Nuestra manera de hablar y de pensar, influye en la programación de nuestro subconsciente. Y por consiguiente en los resultados.

Concientízate que tu éxito depende única y exclusivamente de ti.

¿Estás trabajando de acuerdo a lo que has planificado para tu meta?

Exprésala en voz alta cada día, al levantarte esa declaración de tu meta. Mientras más veces la recuerdes y la expreses, de preferencia en voz alta, más cerca estás de ella.

Es importante que pongas en ciertos lugares alguna frase, dibujo, adorno, etc. que te la recuerde constantemente. Puede ser en la salida de la casa, en la cocina, donde tú la puedas ver y leer todo el tiempo en voz alta, pero hazlo y verás excelentes resultados.

Esto no sólo te ayuda a recordarla, sino que tu subconsciente trabaja en ella.

Pregúntate con frecuencia:

¿Lo que estoy haciendo me ayuda a lograr mi meta? Si no es así, revisa tu meta y tu plan de acción.

Debes analizar tu situación actual, necesitas saber cuál es tu punto de partida, para saber hacia dónde dirigirte y cómo hacerlo. Por qué si no sabes dónde vas ya llegaste.

Te recomendamos y reiteramos, que dividas tu meta en pequeñas metas a corto y mediano plazo o en pequeños pasos, que te vayan acercando a la meta final.

Siempre debes de poner una fecha límite para la meta final y fechas intermedias para ir chequeando objetivamente los progresos y corregir si es necesario.

Eso es lo importante de tener una fecha. Cuando no hay un plazo, nunca se llega a la meta, vamos dejando las cosas para después y no las hacemos.

Cuando pensamos " quisiera, algún día yo... en el futuro voy a...", no actuamos.

Lo que verdaderamente nos obliga a tomar acción es fijar una fecha.

Una de las principales diferencias entre un sueño y una meta realizable, es que ésta tiene una fecha límite.

Tener en cuenta los obstáculos:

Tiempo, malos hábitos, falta de información o conocimientos, situaciones específicas. Uno de los mayores obstáculos somos nosotros mismos. Son nuestras ideas y creencias, forma de pensar, conductas y sentimientos negativos.

Los paradigmas nocivos y dañinos tomados y recapitulados sin ningún argumento y soportes acrecientan de una manera notable los inconvenientes e improcedencias para nuestros objetivos.

Es necesario reconocerlos y modificarlos. Una situación nueva puede generarnos angustia, duda, recuerda que esa angustia es pasajera.

A medida que vayas avanzando en tus logros, sentirás mayor confianza y satisfacción.

Iniciar cualquier actividad es difícil hasta que aprendemos.

No olvides que nuestra vida está compuesta por diferentes situaciones, actividades y personas y no debemos permitir que éstas se interpongan con nuestros objetivos.

Ya que vas a encontrar los que se llaman ladrones de sueños, son aquellos que no saben lo que quieren y que están convencidos que lo saben todo, eso son los que te van a distraer y a sacar del camino al éxito, sólo si tú lo permites.

Pero no permitas que tus metas te hagan olvidar a las personas y actividades importantes en tu vida.

Aprende a darle un tiempo a cada situación o relación es importante. Por ningún motivo es conveniente dirigir la atención a un determinado tema o problema, debemos procurar enfocar el asunto o problema desde otro punto de vista.

Otro obstáculo es enfocarte en el problema y quedarte allí. Te animamos a que te enfoques en la solución y en cómo llegar a ella. Identifica las habilidades y conocimientos que necesitas para vencer los obstáculos y para lograr tus metas: recursos materiales, apoyo emocional, tiempo, información, ayuda de otras personas, etc.

Recuerda de desarrollar un plan de acción, detallado y claro. Que incluya un bosquejo y ve agregando o modificando lo que sea necesario, a medida que vayas trabajando en él. Recordemos los diarios, las listas de chequeo, planillas, bitácoras, etc.

Por qué visualizar los resultados, constantemente.

Debes siempre imaginarte ya en la meta disfrutando, saboreando el éxito. Acopiado y descargado en tu imaginación, con todos los detalles posibles. Imagina y piensa en cómo te vas a sentir.

Mientras más lo practiques, más fácil será ejecutar tus propuestas. Esta es una manera comprobada de facilitar el trabajo del cerebro que es sinónimo de talento y quien nos proporciona capacidad de entendimiento, razonamiento y juicio. Pero enfócate en lo positivo. Si al principio te cuesta trabajo relajarte o visualiza, recurre a una persona que tenga experiencia y te pueda ayudar. Alguien que ya ha logrado el éxito o las metas.

Comparten tus metas con alguien importante para ti. Hacerlo, nos ayuda a comprometernos y nos da la oportunidad de tener alguien que nos ayude, ya que podemos ser escuchados cuando queremos expresar nuestras dudas o sentimientos.

Pero es importante escoger a la persona adecuada:

Alguien que tenga interés en ti. O personas de tu grupo de trabajo o que comparten contigo tus planes. Que no te critique, o si las opiniones o juicios son positivos examina con cuidado este género de critica porque los conocimientos de quien juzga tiene conocimientos para determinar sus valores. Quien sin juicio razonable arremeta o te caricaturice, es obvio que de esta manera si puede expresar su desacuerdo sobre algunas de tus conductas.

Revisa tu meta constantemente, para evaluar y reconocer tus avances y corregir o rectificar inclusive enmendar los errores o si aparece algo por mejorar, cuando sea necesario. Debes corregir todas las veces que sea imprescindible o conveniente.

A medida que trabajamos en una meta, ésta puede cambiar o podemos darnos cuenta que los pasos que pensábamos dar, no son las más adecuadas.

Cuando tu corriges no quiere decir que has fracasado al contrario quiere decir que estas pendiente de lo que pasa con tus metas.

Reconócete siempre en voz alta tus logros aunque sean pequeños. No importa el tamaño o importancia de los logros, lo significativo es la trascendencia, la repercusión, el alcance, el provecho y la categoría de estos avances. Quiere decir que estas cada vez más cerca de la meta.

No te olvides, rememora y evoca que: Empiezas, emprendes, inicias hoy. No es deshonor no alcanzar una meta, lo que es deshonra, vileza o afrenta es abandonar la meta.

Capitulo 6
Tener Claridad

> "El mundo entero se aparta cuando ve pasar a un hombre que sabe adónde va"
>
> Antoine de Saint-Exupery

Antoine Marie Jean-Baptiste Roger de Saint-Exupéry fue un escritor y aviador francés, autor de la famosa obra El principito.

Similar o análogo a quien construye un gran edificio del cual ya se tiene un plano y una maqueta. Colocando un ladrillo a la vez y concentrándose en un piso simultáneamente, hasta llegar a la cima del mismo, cuando esto ocurre se podrá decir que ya se construyó el proyecto que inicialmente fue planificado, todo esta meta se llevó a su culminación gracias a que la o las personas comprometidas tenían una meta clara y un tiempo determinado.

El secreto para que tu tengas claridad en el tiempo que deseas las cosas radican particularmente en saber exactamente lo que se desea, es vital para el desarrollo de nuevas y mejores situaciones personales, pues son la base del cambio y del crecimiento.

¡Pero! ¿Estás tú lo suficientemente claro, iluminado, diáfano de lo que deseas?

La respuesta mayormente es un no, por qué disfrazamos o encubrimos con pretextos, evasivas algunas de las labores y obligaciones contraídas y pensamos, pero al final del día son solo excusas, justificaciones o disculpas invalidas.

Por eso te recomendamos que sea preciso meditar y reflexionar acerca de lo que se quiere, para ti el tiempo, período, duración, lapso, espacio y en función de establecer metas u objetivos a corto y mediano plazo para que cada logro forme los cimientos de tus próximos retos.

Ten en cuenta que una persona que tenga objetivos claros conseguirá avanzar incluso en las condiciones más difíciles. Una persona que no tenga ninguna clase de objetivos diáfanos, brillantes y concretos, no conseguirá avanzar ni siquiera en las condiciones más favorables.

Debes tener un enfoque, encauzamiento, rumbo, sentido, nítido, vivo y claro ya que es un elemento fundamental para lograr una subsistencia o supervivencia de éxito, triunfo y notoriedad. Para conseguir nuestros objetivos es muy importante que pensemos constantemente en nuestras metas y propósitos.

Evita caer en el flagrante error que por naturaleza asumimos gran cantidad de la población especialmente cuando estamos con rumbos o metas propuestas, el mayor tiempo de sus actividades lo dedican y lo encausan en lo que está mal, en lo que creemos está en contravía como por ejemplo sus contratiempos, sus dificultades o inconvenientes, sus obstáculos, en la economía, lo que el sistema no les corresponde acertadamente, en enfermedades, en problemas de trabajo, la pobreza, etc.

¿Sabes cómo planificar tus metas?

Vamos a hacer un ejercicio que te va a ayudar a alcanzar tus metas en el tiempo planeado.

1. Buscar un sitio que te sientas inspirado, genial, creador, intuitivo, en tus horas donde estés más tranquilo, pacifico, placido, amable.

2. Define lo que quieres conseguir en cada área de tu vida. En lo económico, salud, emocional, espiritual.

3. Organizar tus objetivos por áreas y empieza a escribir que lo quieres en cada área sin pensar como lo lograrás.

4. Establece un plazo para lograr cada uno de esos objetivos.

5. Selecciona de esa lista aquellos objetivos con los que deseas comenzar de inmediato a tomar acción.

6. Es importante que crees, planifiques o elabores un plan de acción como hablamos en el capítulo 4

Haz cada día, todos los días, algo que te permita avanzar aunque sea simplemente un poco, un solo escalón pero con total y absoluta seguridad hacia tus objetivos más importantes.

7. El mejor momento para comenzar es ahora, ya. Empieza de inmediato, cuanto antes. "Para antier es tarde" es un dicho coloquial.

Nos encontramos en una de las mejores épocas de la historia humana en lo referente a la tecnología, medios de comunicación, nuevos y novedosos productos en el mercado universal.

En esta época moderna hay muchas más oportunidades que no existían antes, para ser exitoso no necesariamente tengo que ser avalado por una universidad, en el mundo entero hay ciudadanos con más triunfos, éxitos, empresas, que muchos profesionales que han invertido cantidad de dinero en la construcción de su profesión, en el tiempo pasado había más división o distancia entre el pobre y el rico, estas distancias o alejamiento siguen vigentes y con más crecimiento en los países del tercer mundo, de allí nace el acondicionamiento de la pobreza mental que hemos heredado de nuestros antepasados y que se convierten en paradigmas difíciles de erradicar unas de las más comunes son:

Prefiero ser pobre pero honrado/ espiritual.

La riqueza es suerte.

El dinero no nace de los árboles.

Usted de qué cree que estoy hecho. Usted cree que estoy hecho de plata.

La fortuna es para la gente educada.

Eso no es para usted.

El dinero esclaviza.

En dinero no compra la felicidad.

El dinero es la raíz de todos los males.

Es importante identificar cuál de estas nos afecta, nos damnifica a nosotros, saber de dónde provienen para así poder desligarnos de ellas y evacuarlas definitivamente de nuestras mentes y procedimientos.

El dinero te hace más de lo que tú eres, marca diferencias, te relieva y te acrecienta en cualquier situación y sitio.

Sí eres bondadoso o dadivoso el dinero solo te va a ayudar a elevar tu personalidad, a ser visto con más respeto o por el contrario si eres desafortunado o necesitado las puertas se te van a cerrar con más frecuencia.

A pesar de que muchos dicen que verdaderamente desean abundancia, que desean riqueza inconscientemente la están rechazando todo el tiempo y esto es principalmente debido a que contamos con una programación mental que nos impide pensar en el dinero como algo bueno.

La ignorancia con respecto al dinero si es la raíz de todos los males.

El dinero no es malo lo que sí es malo es el uso que le damos .Por ejemplo un cuchillo es una herramienta esencial en todas las cocinas, el cual nos hace las tareas de cocina más fácil a la hora de cortar las carnes o de preparar una ensalada así como con el dinero le podemos dar varios usos como ayudara a nuestros padres, comprar la casa deseada, ayudar a las beneficencias, llevar un mejor estilo o calidad de vida, educar a nuestros hijos en un mejor colegio o universidad.

No es posible hacer las cosas más rápido pero cuanto mayor sea la claridad que tienes con respecto a cada uno de estos temas, valores, visión, misión, propósitos y objetivos y el tiempo, mayor será la probabilidad de que consigas algo grande en tu vida.

Imagínate qué quieres emprender un viaje ¿.Qué importancia tiene el tipo de vehículo que te puede llevar a cierto lugar? No creo que sea tan importante la marca, el modelo y el color de ese vehículo cuando lo que realmente quieres es llegar al destino. Tu destino es el que necesitas tener claro y el universo te llevará hacia allá.

Hay un principio de las leyes espirituales que se basa en la definición, lo más precisa posible, de la meta que deseas obtener para co-crearla con ayuda del universo.

Es como vas a preparar una receta de comida, debes saber los ingredientes, las cantidades e incluso la calidad de ellos y el orden en que serán utilizados. Lo mismo sucede con tu vida y tus metas.

¿Qué tanta claridad tienes al respecto de tu prosperidad?

¿Qué es lo que quieres ser, hacer y tener?

¿Cuál es el medio por el cual harás eso?

¿Qué estás dispuesto hacer para conseguirlo?

Cuando tienes la suficiente claridad como para definir el detalle de tu vida ideal, se te hará sencillo identificar lo que sientes, lo que piensas, lo que haces en ese momento y el factor tiempo aparecerá en ese plan y desde luego la práctica diaria de esas emociones y de tus deseos te permitirá comenzar a descubrir y visualizar el camino que te llevará a dónde quieres ir con toda claridad.

Déjanos que te digamos, que te orientemos, una de las principales razones, deducciones por que la mayoría de la gente no tiene éxito, triunfo, gloria y fama, por qué son innumerables las personas que no saben exactamente lo quieren para sus vidas. Si por esa sencilla razón!

Muchas ocasiones en tu vida te ha pasado que te sientes que nada de lo que haces sale bien, ¿sabes por qué? Por qué no esté enfocado, enrutado, ni tienes claridad de lo que realmente quieres o anhelas.

Muchas personas no es que no estén enfocadas en lo que no quieren, lo que sucede es que les cuesta mucho saber lo que en realidad quieren. Son seres humanos vacilantes, titubeantes, inseguros, confusos. Y eso es justamente lo que se ve cada vez que le pides a alguien que escriba cuál es su objetivo, porque no lo tienen claro. Precisamente por su estado de ánimo y motivación todo se les presenta difuso y oscuro.

Ya sea por el miedo, por falta de seguridad o por falta de confianza en sí mismo, al final no saben lo que quieren.

Nos atrevemos a decirte que no es difícil, no es complejo conseguir lo que uno realmente quiere, lo complicado, engorroso y embrollado es lograr tener la claridad suficiente y real de cuál es nuestro objetivo.

Por eso es importante que tengas una conciencia de la emoción que sentimos al comenzar a actuar hacia esa meta. Sentimos real gozo, pasión y alegría cuando comenzamos, este paso, es sumamente importante porque es el cimiento, columnas y fortaleza de tus metas y propósitos.

Recuerda que en el camino te encontraras con una cantidad de obstáculos y vas a tener dudas, incomodidades y altibajos. Es algo seguro ¿Te sentirás en ocasiones con ganas de romper tus metas y propósitos, aun cuando sientes ganas de avanzar hacia la meta?

Esto ocurre porque aún no tienes tus objetivos, lo suficientemente específicos y claros.

Debes tener claro, en tus emociones, ya que son las que actúan como nuestra brújula y nuestro combustible, pero sólo si es el combustible adecuado (tiene gozo, pasión y alegría) todos estos ingredientes deben estar en concordancia con nuestros objetivos y de esta manera podremos avanzar y llegar a conseguir lo que queremos.

Esperamos que ya vayas entendiendo, la razón por que las personas tienen éxito porque son muy claros sobre sus valores. La gente fracasada es insegura y no tienen valores reales.

Debes tener claro tus valores y virtudes, porque es el inicio para la construcción de confianza en ti mismo, la autoestima y el carácter personal. Cuando nos tomamos el tiempo para pensar en valores fundamentales, y luego te comprometes a vivir tu vida en concordancia con ello, vas a sentir una fuerza mental y bienestar.

Este paso te va a llevar a que te sientas más fuerte y más capaz, más centrado en el universo y más competente de llevar a cabo las metas que ha estableció para tu futuro.

Debes ser claro al decidir por ti, mismo lo que te hace realmente feliz y luego organizar tu vida alrededor de tus planes. Es muy importante que escribas tus metas en un pedazo de papel o libreta y toma acción de inmediato para empezar a avanzar hacia el logro de tus metas y tus sueños. Si tú deseas éxito, tu prosperidad necesita de tu claridad. Lo más importante se encuentra en saber qué es lo que quieres conseguir.

Recuerda que sí tienes claridad de tus metas y sueños el mundo entero se apartara cuando te ve pasar, porque sabes a dónde vas.

Capitulo 7
Eliminar los Paradigmas Negativos

"Tus creencias se convierten en tus pensamientos, Tus pensamientos se convierten en tus palabras, Tus palabras se convierten en tus acciones, Tus acciones se convierten en tus hábitos, Tus hábitos se convierten en tus valores, tus valores se convierten en tu destino"

Mahatma Gandhi

Mahatma Gandhi fue un abogado, pensador y político hinduista.

Todo cambio duele, por eso el miedo al cambio. Todo cambia, nada esta fijo, todo fluye, todo está en movimiento. El cambio es lo único estable, es lo único que no cambia.

Todos los paradigmas son modelos mentales inconscientes que tenemos todos acerca de todo lo que nos rodea, visible e invisible.

Es sorprendente como los paradigmas pueden transformar a nuestras vidas y actuar con gran eficacia en los niveles de acción en los que todo ser humano se desempeña: mental y emocional.

No estamos diciendo con esto que sean correctos o incorrectos, simplemente que dirigen nuestra vida en todos los aspectos y lo que creíamos que era lo máximo ayer, mañana puede no serlo.

Un gran ejemplo es cuando éramos niños que no decían de no hablar con extraños y eso era muy cierto, pero que hay de ahora que somos adultos ya no aplica pues los desconocidos son amigos que aún no nos han presentado.

Los paradigmas son también modelos de protección para cada individuo de acuerdo con su sistema de valores y creencias y son los responsables de estancar el progreso en las personas, puesto que de tanto repetir un modelo particular de pensamiento se presenta un impulso súbito para continuar haciéndolo.

De forma tal que la gran mayoría de personas van por la vida en piloto automático gobernadas por sus paradigmas y actúan sin ni siquiera darse cuenta o cuestionar la utilidad de sus actuales modelos de pensamiento.

El paradigma no solo nos envuelve sino nos controla, nos define, nos delimita todo lo que percibimos y creemos que esa es la verdad. Define lo que es realidad y descalifica las demás opciones, que lástima.

Y aún más en lo referente al éxito, los paradigmas ejercen un control extraordinario sobre los pensamientos y los actos de las personas.

Las otras son:

Quienes son conscientes de la necesidad de ampliar su pensamiento y ampliar, extender o cambiar sus límites mentales como una norma continua para avanzar en las metas que se han propuesto. Y este desde luego es el método que ha sido y sigue siendo utilizado por las personas de éxito en todo el mundo y en todas las épocas.

Entendiéndose por éxito la realización progresiva de un sueño o de una meta que vale la pena y siempre que esta meta sea legal, moral y ética.

Una reacción o comportamiento típico de muchas personas es que son controladas por sus paradigmas viene de la expresión que utilizan cuando son sometidos a un cambio en su nivel de pensamiento y dicen algo como: ¡yo ya sé qué es eso!, ¡eso no funciona o no se puede hacer! y frases por el estilo.

Nótese que esta línea de pensamiento viene de una persona que no conoce nada o muy poco de la información que tiene una propuesta para tomar una decisión o es muy conservadora en sus hábitos y procesos de vida.

Es decir se manifiesta con una presunción que toma decisiones automáticas con el fin de no cuestionar su modelo de pensamiento.

Otra forma de ver las cosas es cuestionándose los paradigmas ya que siempre tienen, aprendizaje en un contexto relativo porque saben que no pueden saberlo todo y que necesitan alimentar su mente con nuevos datos e ideas para aprender, crecer y cambiar.

Encontramos muy pocas personas que están dispuestas a informarse acerca del tema que están escuchando y no presumen que ya lo saben.

Esta forma de pensamiento y de personas predomina siempre la curiosidad y la humildad por aprender y no toman nunca decisiones automáticas sin antes haber tenido datos suficientes y estar seguros que la oportunidad está siendo juzgada por lo que es y representa y no por conceptos predispuestos que aniquilan el avance hacia el progreso.

En lo referente al dinero y al éxito nosotros hemos visto en nuestra experiencia con personas que existen también ciertas ideologías que distorsionan las líneas de pensamiento y refuerzan los paradigmas equivocados que impiden el avance hacia el logro de los objetivos o sueños.

La idea de lo fácil, aquellas personas que toman atajos lo que hacen es alargar el camino, pues el camino al verdadero éxito no tiene atajos, eso hace que las personas busquen siempre oportunidades para obtener resultados meteóricos o que sean y necesiten brevedad o rapidez, en el logro de metas y objetivos sin trabajar lo suficiente pagando por ello altos fracasos económicos y de tiempo, porque no existen maravillas que produzcan resultados sin trabajo y esfuerzo y más aún cuando un proyecto de negocios cualquiera que sea comienza.

Debemos imponer el trabajo propio el cual es necesario e insustituible para poner en práctica todas esas ideas y para esto se hacen necesarias: la planeación, el control y la disciplina para ver los objetivos convertidos en realidad.

La ideología de que el éxito es sólo para privilegiados, de modo que para la gran mayoría de personas la única oportunidad es conseguir lo suficiente para vivir o sobrevivir.

Esta línea mental está muy dada por la gran inercia que traen las masas al pasar por una educación tradicional de 12 o más años, donde no se concibe el éxito sino después de pasar por años en las aulas académicas y como resultado de ello acceder a posiciones privilegiadas donde sólo unos cuantos afortunados logran llegar. Y quienes no pueden acceder a estos recursos, deben conformarse con vivir por debajo de sus aspiraciones.

Por eso el temor a cometer errores en el proceso que paraliza la construcción de una idea, un emprendimiento o un negocio.

Por lo cual muchas personas que sufren un revés o encuentran obstáculos en sus proyectos económicos para ser independientes y crecer, finiquitan o culminan sus proyectos o aspiraciones, de manera rápida y se hacen a la idea de que no nacieron para eso, replican este no es mi destino y que es mejor lo malo conocido que lo nuevo por conocer, que equivocado estamos que pobreza mental, que falta de dinámica y disciplina. ¿No lo crees...?

Le podemos asignar este paradigma que ha sido condicionado en gran parte por el sistema de educación tradicional, donde el cometer errores para aprender de ellos es seriamente penalizado con las notas y por lo tanto se desarrolla una aversión incluso a tomar en la vida práctica riesgos controlados. ¿No te ha pasado a ti?

Para comenzar cualquier tipo de proyecto independiente o idea de negocio en tu campo de acción te recomendamos los siguientes pasos:

Definir qué quieres hacer y que te gusta hacer.

Todo lo que se puede medir o determinar el valor de una magnitud, se puede realizar, hacer, construir o llevar a cabo, así que planifica tu trabajo con resultados medibles diarios, semanales, mensuales y anuales.

Sin embargo cuando estés comenzando debes darte por lo menos 6 meses o tiempo prudencial planificado, para saber si una idea de negocio funciona o no. Especialmente cuando el campo profesional que has elegido no lo conoces muy bien y apenas ingresas en una metodología nueva e interesante.

Utiliza las herramientas que estén a tu disposición de autoayuda y superación disponibles. Cursos online, libros y seminarios presenciales o virtuales como un soporte para enriquecer tus conocimientos y que tu mente actué positivamente. Porque sólo estos materiales y ayudas tecnológicas actualizadas, te pueden dar la visión y la resistencia para convertir deseos en anhelos, anhelos en necesidades y necesidades en trabajo efectivo para tener éxito en tu vida.

Observa el trabajo como un activo financiero de valor, porque por medio de él adquieres destreza y experiencia invaluables. Lo cual se traducirá tarde o temprano en retribuir o remunerar en recompensas personales y económicas.

Considérate un privilegiado o un ser que te hace con unas características o cualidades naturales que te hacen excepcional o muy bueno por tener salud en general: espiritual, mental, física, material y cuídalas y desarróllalas.

Muchas personas no tienen estas riquezas incomparables y sin embargo dan ejemplo de superación y de empresa.

Podemos ver como esta cambiado el concepto de la educación tradicional que sólo se basa en conocimiento, hoy día hay suficientes pruebas en el mundo que el éxito depende de factores más determinantes y necesarios como: la visión, la determinación, la adaptabilidad y la humildad por aprender.

El pobre de la educación es el que todavía aplica, que el que se equivoca es por qué es ignorante y no sabe, la persona de hoy debe empezar a que consideren los errores, siempre como una cuota para aprender y acceder a alturas mayores. Exactamente como cuando para entrar en lugar exclusivo te cobran la entrada. Míralo como un hecho y aplícalo.

Deja de pensar con tanto paradigma negativo que la educación o personajes siniestros con el éxito y objetivos progresistas te ha inculcado, nunca, jamás te consideres producto terminado en ningún aspecto y mantén la curiosidad por aprender toda tu vida.

Esta es la mejor forma para romper paradigmas que obstaculizan el crecimiento y el éxito.

Al igual que sucede con los hábitos y costumbres, la forma más adecuada de eliminar los paradigmas negativos es crear positivos, opuestos a ellos, que vayan desplazándolo y así se terminará sin tener ni espacio ni tiempo para los negativos.

Luchar simplemente contra los negativos, no tiene sentido, puesto que lo único que se consigue es ponerlos en el centro de atención y fortalecerlos.

Los paradigmas se imponen con fuerza, aunque ello no es motivo para que tengamos, que actuar según unos modelos generalmente aceptados, pues los seres humanos somos libres y disponemos del poder de control, y aunque en diversas ocasiones no queremos pensar, hemos de tener presente que en última instancia, somos responsables de nuestras conductas, sino fuese así, dónde estaría la libertad y la capacidad de aprendizaje.

Queremos compartir. Este súper ejemplo de la naturaleza. Que es una de las grandes maestras para la humanidad:

Si los animales tienen la habilidad y capacidad de adaptarse a la vida de la ciudad aunque biológicamente no es lo más recomendable, ajustando su comportamiento.

Según la investigación, esta capacidad les asegura la supervivencia con características exitosas en la ciudad y la posibilidad de convertirse en animales que pueden adaptarse a las costumbres urbanitas.

De todos los cambios ambientales inducidos por los humanos, la urbanización es uno de los más rápidos y drásticos. Mientras que la mayoría de organismos no toleran bien la urbanización, a unos pocos les va mejor que nunca.

¿Por qué hay diferencias tan importantes en la tolerancia de los animales a los cambios ambientales, y los seres humanos no nos adaptamos a los cambios que nosotros mismos creamos y construimos?

El ruido de las ciudades también ha provocado que los animales adaptados a las urbes hayan modificado la forma de comunicarse. En las ciudades, por ejemplo, algunas aves aumentan la frecuencia de su canto y su duración para evitar que el sonido interfiera con el ruido, que suele ser de frecuencia baja.

Por lo tanto para resolverse nuestros problemas, nuestros cambios continuos no bastan con simplemente cambiar nuestra actitud y conductas, sino que hemos de cambiar nuestros "mapas mentales" o paradigmas. Así cómo lo han hecho las adaptadas aves a las costumbres urbanistas.

Aunque las circunstancias nos condicionan fuertemente, la historia de cada persona depende básicamente de las propias decisiones, pues el hombre es libre sobre todos los condicionantes, y, por tanto, es el protagonista y el responsable de su vida, de forma que el futuro de cada persona lo construye cada uno, de acuerdo a los paradigmas que elige en cada momento para que le sirvan de guía en su futuro prominente o en su frustración de calidad de vida.

Sabes que:

El elefante bebe o infante que reclutan para el circo lo someten a:

Cuando tenía cinco o seis años yo todavía confiaba en la sabiduría de los mayores y adultos. Pregunté entonces a algún maestro, o algún padre o algún tío por el misterio del elefante. Alguno de ellos me explicó que el elefante no se escapaba porque estaba amaestrado. Hice entonces la pregunta obvia, visible y manifiesta.

Si está amaestrado ¿Por qué lo encadenan? No recuerdo haber recibido ninguna respuesta coherente.

Con el tiempo me olvidé del misterio del elefante y la estaca y sólo lo recordaba cuando me encontraba con otros que también se habían hecho la misma pregunta.

Hace algunos años descubrí que por suerte para mí alguien había sido lo bastante sabio como para encontrar la respuesta: el elefante del circo no escapa porque ha estado atado a una estaca parecida desde que era muy, muy pequeño.

Cerré los ojos y me imaginé al pequeño recién nacido sujeto a la estaca.

Estoy seguro de que en aquel momento el elefantito empujó, tiró y sudó tratando de soltarse. Y a pesar de todo su esfuerzo no pudo. La estaca era ciertamente muy fuerte para él.

Juraría que se durmió agotado y que al día siguiente volvió a probar y también al otro y al que le seguía. Hasta que un día, un terrible día para su historia, el animal aceptó su impotencia y se resignó a su destino.

Este elefante enorme y poderoso, que vemos en el circo, no escapa porque cree el pobre mamífero el más grande de todos los que viven en la tierra que no puede, que es incapaz de escaparse.

Es exactamente o similar lo que le sucede a millones de personas que viven creyendo que una buena cantidad de sucesos no podemos simplemente porque alguna vez, antes, cuando éramos adolescentes o niños, alguna vez pusimos a prueba para ver cómo funciona o qué resultado tiene un procedimiento probamos y no pudimos. Hicimos entonces, lo del elefante, grabamos en nuestro recuerdo: no puedo, no puedo y nunca podre. Hemos crecido portando ese mensaje que nos impusimos a nosotros mismos y nunca más lo volvimos a intentar.

Cuando mucho, de vez en cuando sentimos los grilletes, hacemos sonar las cadenas o miramos de reojo la estaca y confirmamos el estigma o causa de mala fama: no puedo y nunca podre. Vivimos condicionados por el recuerdo de otros, que ya no somos y no pudieron. Los paradigmas negativos nos han vencido para siempre.

Capitulo 8
Ser Agradecidos

"Desarrolla una actitud de gratitud y da las gracias por todo lo que te sucede, sabiendo que cada paso adelante es un paso hacia el logro de algo más grande y mejor que tu situación actual"

Brian Tracy

Brian Tracy es Presidente y CEO de Brian Tracy International, una empresa especializada en la formación y desarrollo de las personas y las organizaciones. El objetivo de Brian es ayudar a alcanzar sus metas personales y de negocio de forma más rápida y más fácil que nunca has imaginado.

Esta palabra es una de las más cortas del vocabulario, pero tienen gran significado. Es una palabra mágica que transforma la vida o el día a cualquiera. Es una forma amigable de responder a algo que has hecho por otra persona, en algunos casos, el simple gracias es una gran recompensa. Hay miles de formas y motivo por la cual debemos dar gracias.

Quien valora lo recibido, da las gracias y corresponde a los favores, los mismos animales de cualquier género y especie en cualquier situación al recibir afecto, protección y alimentación con gestos propios de cada especie demuestran su gratitud, por ejemplo el perro el mejor amigo del hombre al llegar su amo y acariciarlo, nos mueve la cola incesantemente y denota su alegría y esto es el significado de devolvernos con este gesto él agradecimiento y el afecto.

Aquí tenemos algunos beneficios de ser agradecidos porque encontramos un gran valor por la utilidad, provecho, ganancia que nos aportan por el bien que se hace o se recibe.

1. Algo que te da felicidad.

El ser agradecido hace que tu mente se enfoca en lo que tienes y no en lo que te falta. Ese simple hecho te hace una persona inmensamente feliz.

La vida como tal es un regalo y muchas de las cosas que recibimos por consiguiente también lo son.

Y que hacemos cuando recibimos un regalo... normalmente uno da las gracias... por lo general acompañado de una sincera y alegre sonrisa adición que valora más la gratitud y así debería ser cada día de tu vida.. ¿No Crees?

2. El Gozo de recibir un regalo.

Ser agradecido beneficia a otros.

¿Cómo te sientes cuando otra persona te agradece algo?

¿Cuántas veces has sentido tu trabajo valorado, tus ideas importantes, tu persona aceptada cuando alguien te agradece?

Está claro que una persona agradecida no sólo es más feliz sino que también esparce cosas muy buenas que producen una gran alegría a su alrededor en cada momento que da las gracias a otros.

3. Como un acto de gratitud que es un sentimiento que nos obliga a agradecer el favor recibido y corresponder a él.

¿Esta actitud ayuda a fortalecer tus relaciones?

Cuando estas beneficiando a otras personas esta acción fortalece las relaciones. Hace que las personas quieran estar contigo. Te hace una persona interesante, sociable e inicias una personalidad sobresaliente y diferente a una persona del común.

4. Como desarrollar una actitud Positiva.

Si somos agradecidos desarrollaremos la habilidad de ver el lado positivo de las cosas. Y eso te va ayudar a mantener una actitud positiva. Este hecho o cualidad engrandece y entrelaza disposición de ánimo manifestada exteriormente.

Afecta positivamente la manera de comportarse u obrar de una persona ante cierto hecho o situación.

5. Estas siendo consciente del mundo que nos rodea.

Cuando somos agradecidos podemos ver otro mundo que ha estado siempre al frente de nuestros ojos, un mundo escondido que la mayoría de las personas no ven.

Existe un sin número de casualidades o suceso imprevisto cuya causa se ignora a   situaciones que permitan que tu sientas, vivas, veas e interactúes con el mundo.

El ser agradecido te hace consciente de esas maravillosas recompensas.

Para convertirnos en personas agradecidas debemos tener en cuenta estos consejos que te ofrecemos.

1. Empieza a escribir un diario de gratitud. Escribe todo aquello que agradeces, incluyendo personas.

2. Aprende a dar gracias por los retos de la vida porque las lecciones vienen tras ellos y te enriquecen.

3. Busca una persona de confianza o cercana y que tenga facilidad y sinceridad en el trato como si se tratara de un pariente cercano y exprésale tus gratitudes para que te mantenga los pies en tierra y no conviertas tu gratitud en egoísmo.

4. Debemos darle gracias hasta por lo más mínimo que hagan por ti, mirando a los ojos y con una sonrisa, para que les llegue una gratitud honesta y no solo social.

5. Desarrollar la costumbre de enviar notas de "agradecimiento". No tienes que escribir mucho y son muy apreciadas, especialmente hoy día que no son comunes.

6. Haz una visita de gratitud a alguien que te haya ayudado en el pasado.

Durante el día, detente a consciencia cuando ocurra algo por lo que te sientas agradecido, y haz una nota mental.

7. Vigila tu lenguaje aun cuando te hables a ti mismo. Cuando te enfoques en lo negativo, cámbialo conscientemente.

8. Atesora los buenos momentos con tu familia y tus amigos. Las fotos, los dibujos y los recuentos escritos te mantienen enfocada en razones para dar gracias.

¿Por qué te conviene vivir en gratitud?

1. Te protege de envidias, o tristezas o pesar del éxito del semejante, sentimientos de animadversión contra el que tiene una cosa que uno no atesora tuyas y de otros, y de tomar las cosas y las personas por sentado, como si tuvieras "derecho" a realizar todo lo que tu creas conveniente así este en contravía de lo razonable y lo normativo.

2. Aumenta tu auto estima, tu espiritualidad y tu energía. Reduce el egocentrismo.

Quererse a uno mismo es fundamental para avanzar con absoluta seguridad hacia la cúspide del éxito, el progreso, la productividad, la presentación y aseo personal, la cultura general, un vocabulario fluido y decente, ser jovial y de un gran humor fino, la energía y estado físico fundamental para mantener una dinámica y una fortaleza corporal que por ende fortalece tu estado espiritual y estado de ánimo.

El ejercicio físico es parte de este proceso de autoestima y energía. Quiérete y amate a ti mismo.

3. Te da nuevos buenos amigos y mejores amigos entre los que ya tienes.

Fortalece tu relación de pareja, prolonga la vida.

4. Mejora las relaciones profesionales y la productividad.

5. Te Protege de las emociones negativas ante las pérdidas.

6. Fortalece el sistema inmunológico y ecológico, nuestro planeta necesita una segunda oportunidad, nuestra descendencia también desearía vivir con dignidad y calidad.

7. Mejora el ritmo cardiaco, te relaja, levanta tu moral.

Duermes lo justo y necesario. Recuerda ejercitarse física y moralmente, mantente bien de salud, realiza tus controles médicos.

Tenemos un ejemplo que está por encima, que es de grado sumo, de gratitud y éxito para toda la humanidad, que en muchas ocasiones por diferentes motivos que tenemos inconvenientes de toda clase, que nos frustramos, que nos ponemos palos en la rueda y talanqueras en nuestra vida cotidiana, decimos porqué dar muestras de gratitud o simplemente y con toda frialdad y desdén, manifestar. ¿gracias de qué?

Nos referimos con absoluto orgullo a: Stephen William Hawking.

Los grandes beneficios que Stephen William ha dado a otras personas es acción de fortaleza, autoestima, dignidad, por la existencia, avances científicos que mejoran la tecnología y la ciencia y muy notable, implementa y fortalece las relaciones.

Hace que las personas quieran estar contigo. Te hace una persona interesante y diferente.

Vemos cómo Stephen William se apalancó en su enfermedad como una fortaleza para seguir aportándole al mundo, agradecido de la vida de haberle dado la oportunidad de dar lo mejor. Y a pesar de su deteriorada salud sigue adelante con su vida y sus proyectos. Nunca se le ha escuchado sentir pena, contrariedad, arrepentimiento, por algo u otras demostraciones de dolor y quejumbroso y siempre tiene una sonrisa de agradecimiento a la vida y al mundo que lo rodea que ha reconocido en él, como un ser fuera de serie por su estado de salud pero aún más por su desbordada inteligencia.

Si trabajamos en todo lo positivo, en cualquier circunstancias que nos sucede en la vida diaria, seguro que vivirás agradecido por lo que tienes y no por lo que te hace falta, esa actitud te traerá más cosas muy buenas, copiosas, en gran cantidad y más prosperidad que él estar quejándonos hasta llegar al punto de volvernos malagradecidos, deshonestos e ingratos.

Si somos agradecidos, desarrollaremos la habilidad de ver el lado positivo de las cosas. Y eso te va ayudar a mantener una actitud positiva.

Y seguro te convertirás por supuesto conservando sus debidas proporciones, como Stephen William Hawking en toda una persona exitosa y agradecida por todo lo que ha recibido, como consecuencia de su disciplina, su entereza, su amor por la humanidad la ciencia, lo cual él siempre lo ha mirado y apreciado como un regalo de la vida y a pesar de su incapacidad física ha deslumbrado al mundo con su genialidad e inteligencia.

¿Y tú como reaccionas o respondes en cuanto lo que tienes y lo que te llega a la vida, pues no siempre todo es color de rosa o simplemente es lo que tú quieres o tienes presupuestado?

¿Abandonas tus proyectos o te rindes ante las adversidades?

¿No abandonas pero te quedas en el lamentos, desdén y quejoso?

¿Abandonas, te rindes y te lamentas?

¿Aplicas sin razón los enunciados anteriores?

¿Tomás las circunstancias y haces que trabajen a favor para tu vida?

¿Eres agradecido y manifiestas la gratitud por las experiencias que vives y sacas lo mejor de ellas?

Si los problemas en tu vida son como piedras en el camino, utilízalas para construir tu camino en vez de dejarlas como un muro para que no te permitan avanzar.

Vive siempre agradecido por todas las experiencias que vives, ya que son la razón para que mires nuevas oportunidades que son las que te pueden llevar a tener una vida llena de éxitos y felicidad.

Capitulo 9

Pensar y actuar como la gente Exitosa

> "Son capaces porque creen que son capaces"
>
> Virgilio

Vergilius más conocido por su nombre Virgilio, fue un poeta romano, autor de la Eneida, las Bucólicas y las Geórgicas. En la obra de Dante Alighieri, La Divina Comedia, fue su guía a través del Infierno y del Purgatorio.

Queremos que sepas que la gente que tiene poco o nada de fortuna, riqueza, conjunto de bienes no es que sea que no tiene lo que necesita para vivir o desarrollarse o tiene muy poco, sino más bien de los patrones de pensamiento que tienen estas personas con respecto al dinero o caudal económico abundante.

¿Cómo piensan el conjunto de personas con mentalidad positiva y que poseen muchos recursos?

Normalmente hemos heredado patrones de dinero o fortuna que se han arraigado desde que éramos niños por familiares, profesores, conocidos y el sistema que nos rodea.

La idea no es que continuemos criticando a esas personas, es hora que tomes la responsabilidad de tu vida y desarrolles una mentalidad de gran cuantía económica, rica y acaudalada, desarrolla patrones y conceptos sobre el dinero que todo el mundo sigue y que son necesarios para cambiar y poder cultivar una mentalidad de riqueza y fortuna.

Los ricos y afortunados con mentalidad cierta, que no ofrece duda. Piensan, deducen y aplican: Yo creo en mi vida, creo en mis actos y tengo firmeza en lo que hago. Los pobres que no tiene lo que necesita para vivir o desarrollarse o tiene muy poco:

Piensan la vida es algo que me sucede o son cosas del destino que tengo trazado, la suerte no está de mi lado.

La forma de pensar de los ricos y con fortuna es que saben crear y modifican lo que quieren para su futuro.

Las personas con capacidad actividad mental pobre, culpan a su situación como si jamás tuvieran oportunidad de superarse, como si la mala suerte fuera su común denominador, como si no se merecieran nada y que no pueden hacer absolutamente nada para cambiar la situación.

Incluso hay algunas seres humanos que han invertido buena cantidad de su economía, tiempo alimento en una profesión se buscan e inventan excusas para explicar su situación y mantenerse inmóviles y jamás tiene en sus proyectos cambiar hacia un futuro mejor.

La gente rica con su actitud positiva apuestan o arriesgan dinero en algún juego con el objetivo de ganar, los pobres e infortunados juegan el dinero por si la suerte los acompaña y con mucho temor de perder.

Mientras los ricos juegan el dinero para ganar, generar riqueza y tener una vida próspera, la gente pobre actúa en base al recelo de que suceda lo contrario a lo que se espera o desea es decir que puedan perder.

Esto significa que el que más arriesga, más posibilidades tiene de ganar.

El rico arriesga y trata de ganar; el pobre no arriesga por miedo a perder y si por alguna eventualidad ganan, el dinero obtenido que los toma por sorpresa lo aniquilan por no tener el don de administrar bienes y riquezas.

Reiteremos, recordemos, apliquemos lo conveniente las personas ricas y con mentalidad de afortunado canalizan y se comprometen a ser ricos y generar más fortuna y prosperidad. El infortunado o necesitado por lo contrario orientándose y dirigiéndose al lado opuesto, los pobres y con mentalidad negativa escasamente desearían ser ricos.

Lo que debes tener claro es que, la mente humana y nuestro cerebro que es quien dirigen nuestros pensamientos, es nuestro factor más importante.

Es el motor de los pensamientos, generan sentimientos, estos generan acciones y por último las acciones nos proporcionan resultados.

La gente rica, afortunada y prospera prepara su mente desde hace tiempo para enfocarse exclusivamente en ser rica, por otro lado la gente de mentalidad pobre, infortunado y necesitado desea ser creso, acaudalado, rico pero siempre encuentran alguna excusa o justificación para no ponerse en camino a ello.

Se dejan llevar por las circunstancias, el deseo y el anhelo por sí solo no genera absolutamente nada.

La gente rica piensan en grande. Los pobres piensan en pequeño

Ten en claro que tus pensamientos son los que determinan en nuestros resultados, el pensar que no tenemos valor alguno o tenemos la firme creencia que somos insignificantes ante la sociedad que nos rodea inclusive ante nuestros seres más cercanos no ayuda en nada más que obtener resultados pequeños e insignificantes.

Mucha gente se condiciona, se limita se encierra y se traiciona de esta manera.

Las personas ricas se centran en oportunidades y en buscar el momento propicio para mejorar y agrandar su futuro, los pobres se centran en obstáculos.

Puedes ver como los ricos solamente están enfocados o en dirigir la atención o el interés hacia un determinado asunto o problema y en lograr su objetivo, la gente pobre solamente ve los obstáculos impedimentos, estorbos, dificultades, inconvenientes y cada una de las barreras que lo encaminan al éxito.

Que hay entre medios. Se centra tanto en los obstáculos que justamente tiene una mente negativa con respecto a la riquezas y cómo alcanzarla. Está claro que solo nosotros nos condicionamos. ¿No es verdad?

Los ricos admiran, atraen, se solidarizan y hasta llegan a las alianzas y convenios con el fin de ser más fuertes, más sólidos con sus análogos de buena economía es decir con otras personas ricas y prósperas.

Los pobres e infortunados sienten con tristeza airada o disgusto por el bien ajeno o por el cariño o estimación de que otros disfrutan a las personas ricas. Desear, apetecer para sí lo que otro tiene , odiar; detestar o simplemente no respetar a la gente que posee dinero o que está bien encaminada al éxito, es justamente estar criticando algo que queremos ser el día de mañana.

Te han acondicionado y manipulado tu cerebro que en las historias contadas, escritas llevadas al séptimo arte, transforman y nos hacen ver y creer que el que tiene dinero y es afortunado económicamente es el que carece de bondad y de otras cualidades positivas o que se opone a la razón o a la moralidad, lo señalan que lleva mala vida o tiene malas costumbres solamente por ser próspero y afortunado, igual pasa en las novelas y leyendas.

Y hemos terminado pensando y creyendo que es verdad y por eso envidiamos y deseamos lo peor para esa clase privilegiada de personas, ¿no es cierto? es porque en algún punto las rechazamos e impugnamos y nunca vamos a ser algo que repudiamos y rehusamos. Es hora que actúes y cambia tu forma de pensar, para que tengas resultados diferentes al que ya tienes. Debes Invertir en información financiera y conocimiento de desarrollo personal, es el camino a la libertad financiera.

Reiteramos, recordamos y apliquemos las personas ricas se relacionan con personas positivas y prósperas. Los pobres se relacionan con personas negativas y sin éxito.

La mayoría de las personas se rodean con gente que es semejante a ellos porque nos sentimos más cómodos.

Te recomendamos con énfasis y prominentemente que inicies desde ya a relacionarte con personas positivas, que transmitan entusiasmo y los encaminen, orienten y seduzcan para salir delante, no para atrás. ¿No te gustaría?

Las personas ricas están dispuestos a promocionarse a ellos mismos. Los pobres al contrario piensan de manera negativa en relación a la venta y auto promoción.

Si pensamos que valemos que tenemos valores y virtudes entonces debemos comunicarlo a todo nuestro entorno a todos los que nos rodean y llevémoslo hasta donde sea posible, el mundo necesita seres así con dinámica ,valores, exitosos. Ve y hazlo ya!

La gente rica busca convertirse en más rica y cree que todos sus problemas son siempre más pequeños que ellos.

Los ricos eligen que se les pague según sus resultados. Los pobres eligen que se les pague según el tiempo empleado. Por qué tu nunca le dirías a tu empleador que te pague más, ¿sabes porque? Porqué ya tienes un acuerdo con el de tu precio.

La gente rica entonces prefiere que se les pague por resultados, si logran los resultados ganan. En cambio la gente pobre trabaja y se les paga por el tiempo que emplean.

Los ricos piensan: "las dos cosas" Los pobres piensan: "o se tiene una cosa, o se tiene la otra" este es el más grave pensamiento e información que contamina tu mente financiera.

Los ricos se centran en su fortuna neta. Las personas con mentalidad pobres se centran en lo que ganan con su trabajo.

Los ricos administran bien su dinero. Los pobres administran mal su dinero.

Los ricos actúan a pesar del miedo. Los pobres dejan que el miedo los paralice, pues el miedo es solamente algo que tenemos que superar.

La gente rica sabe que siempre hay situaciones que nos pueden paralizar y no deben dejar que esto suceda, en cambio la gente pobre al menor indicio de duda o miedo se deja paralizar y nunca logran salir adelante, acuérdate que todo es mental.

No hay mucho que discutir, simplemente que el miedo es un gran obstáculo, pero el creer en nosotros mismos y tener una gran fuerza interior puede mover montañas.

Los ricos aprenden y crecen constantemente. Los pobres piensan que ya lo saben.

Es un hecho comprobado que las personas de éxito financiero piensan de una manera distinta al resto de los mortales. Por eso el común de la gente los ven con ojos y pensamientos negativos.

Y como piensan de una manera distinta, actúan de una manera distinta y producen resultados distintos.

Los ricos son proactivos. Los ricos no juegan a la lotería y no la jugaron antes de ser ricos. Ellos conocen las estadísticas y saben que están tirando su dinero a la basura.

El común de las personas siempre está esperando que otras personas los ayuden a hacer dinero. La lotería, el gobierno, el amigo en una buena posición o que caiga la fortuna del cielo o algo por el estilo.

Pero eso solo los mantiene pobres porque la ayuda esperada nunca llega. Nadie va a venir a darte nada.

Los ricos son proactivos y constantemente están buscando maneras de resolver problemas y hacer dinero.

Ellos son lectores ávidos de frases de motivación para mantenerse siempre moviéndose en la dirección de sus metas y objetivos.

Las personas ricas prefieren conocimientos específicos más que una educación formal. El común de las personas piensan que una educación formal es lo único que necesitan para ser ricos.

Los ricos favorecen el obtener conocimientos específicos que luego venden en el mercado. Tener una educación general o saber un poquito de todas las cosas pero no ser un especialista en algo es la forma más segura de permanecer pobre toda la vida.

Los ricos sueñan con el futuro. La mayoría de las personas pasan el día pensando acerca de sus problemas del presente una y otra vez y al final del día no han avanzado. Al no avanzar se deprimen y esta depresión les roba la energía necesaria para salir del problema. ¿No te ha pasado algo así?

Las personas ricas se enfocan en buscar opciones, alternativas y oportunidades para avanzar su posición.

Ellos se enfocan más en el futuro que quieren, crear más que en el presente que no les gusta.

Las personas ricas piensan acerca del dinero lógicamente. No importa que tantos títulos y preparación la persona común tenga. La mayoría piensa emocionalmente acerca del dinero y se enfoca o encausa solo en cómo gastarlo.

Las personas ricas ven el dinero de una manera lógica y lo usan para producir más dinero. Para ellos el dinero es solo una herramienta que le da acceso a más opciones y oportunidades.

Ellos no se emocionan innecesariamente con asuntos de dinero y mantienen el tema estrictamente desde el punto de vista lógico y matemático.

Su punto principal es retorno de la inversión y ven asuntos de dinero usando el filtro Cuanto tendré de ganancia por cada dólar que invierto, por cada hora que invierto.

Las personas ricas trabajan en lo que los apasiona. Los ricos toman el tiempo necesario para averiguar que los apasiona y se dedican a ello 100% del tiempo.

Muy pronto se vuelven muy buenos en ello e inmediatamente buscan y encuentran la manera de ser pagados generosamente.

Las personas ricas apuntan tan alto como pueden. El común de las personas crea sueños y deseos muy bajos para evitar desilusionarse. Mientras que los ricos esperan grandes cosas de la vida y siguen sus sueños.

Ellos tienen una visión de sus vidas que los motiva constantemente para seguir adelante.

Las personas ricas continuamente son alguien especial y se enfocan en mejorarse ellos mismos. Ellos estudian, se preparan y aprenden de sus éxitos y fracasos.

Las ambiciones de una persona rica son tan grandes que ellos constantemente están buscando maneras de estudiar al ser humano y a través de ese estudio mejorarse ellos mismos. De allí que usualmente, entre más ascienden la escala del triunfo más buena gente parecen.

Las personas ricas usan el dinero de otras personas. El común de las personas piensa que ellos necesitan su propio dinero para hacer más dinero. Los ricos usan el dinero de otros para agigantar sus propias fortunas.

Con la existencia del internet esto se vuelve mucho más fácil cada día. Casi gratis se tiene acceso a información invaluable, mercado mundial y medios de producción y mercadeo excelentes.

Las personas ricas gastan menos de lo que ganan. Esto parece contradecir el punto de arriba pero no lo hace. Pero los ricos gastan menos de lo que ganan e invierten la diferencia. Esto les permite ganar más dinero de manera que pueden comprar otras cosas. Y la suma total de esas cosas que compran siempre es inferior a la suma de sus ingresos.

El común de las personas gasta más de lo que ganan y se meten en deudas rápidamente. Deudas que no pueden pagar porque no ganan lo suficiente.

Las personas ricas le enseñan a sus hijos como ser ricos. Mientras la mayoría de las personas se enfocan en enseñarles a sus hijos trucos de cómo sobrevivir, los ricos empiezan desde temprano a enseñarles a sus hijos como hacer y multiplicar el dinero.

Las personas ricas no dejan que el dinero los llene de estrés. La mayoría de las personas dejan que asuntos de dinero los llenen de angustia. Los ricos no dejan que esto les ocurra.

Las personas ricas prefieren recibir una educación que recibir entretenimiento. El común de las personas hace lo contrario. Leen novelas, periódicos sensacionalistas, revistas de modas y buscan otras avenidas de entretenimiento temporal.

En su mayoría, los pobres usan el internet buscando entretenimiento. Los ricos en su mayoría la usan para buscar información.

Las personas ricas están constantemente buscando información que los ayuda a avanzar hacia el logro de sus metas y objetivos individuales. Irónicamente, al final, ellos acaban divirtiéndose más que el resto porque obtienen más recursos con que hacerlo.

Las personas ricas le dan la bienvenida a todo aquel que es entusiasta y ambicioso porque ellos mismos son de esa manera.

¿Quieres ser millonario? Ya sabes cómo lograrlo. Cómo diría Benjamín Franklin: "El camino hacia la riqueza depende fundamentalmente de dos palabras: trabajo y ahorro".

Ya sabes, quieres pensar como una persona rica, quieres el éxito y la abundancia tan anhelada, libertad financiera y una vida llena de éxito solo depende de ti, de nadie más. Para de lamentarte y quejarte y toma acción, tu determinación ya.

Acuérdate....no olvides, aplica.

"Como seres humanos, tenemos potencial e imaginación ilimitados."

Capitulo 10
Asociarce con gente Exitosa

"Como seres humanos tenemos potencial e imaginacion ilimitados. Lo peor que uno puede hacer es ser conformista y comprar la conformidad es lo peor. Es mejor ser extravagante. Es mejor juntarse con los sabios, la gente abierta a posibilidades, incluso los psicoticos. Nunca sabes donde encontraras los genios de nuestra sociedad.

Deepak Chopra

Deepak Chopra es médico internista y endocrinólogo de profesión, pero filósofo y escritor por oficio y excelencia. Chopra propone conceptos interesantes que llaman a una profunda reflexión acerca de la realidad, la ciencia, la religión, las emociones y lo cotidiano.

Asociarse con gente exitosa no es suerte, no tiene nada que ver, la suerte es para los improvisados y aprovechados y el éxito es el resultado obligado de la constancia, de la responsabilidad, del esfuerzo, de la organización y del equilibrio entre la razón y el corazón.

¿Cuál es la clave para asociarse?

Hoy, tienes que tener claro más que nunca, que necesitas un socio. A lo largo de la historia de la humanidad, las asociaciones fueron necesarias, pues la gente vivía en grupos y sociedades agrícolas y dependían unas de otras.

La era industrial trajo consigo el crecimiento del individualismo y fragmentó los lugares de trabajo. Sin embargo, en nuestra era que es la de la información, mucha gente encuentra la necesidad de crear asociaciones para sobrevivir.

La mayoría de la gente de negocios carece de la habilidad para desenvolverse en este mundo altamente competitivo y especializado, por lo tanto, necesitan asociarse con otros.

Primero que todo queremos ayudarte a que empieces a ser amable contigo mismo.

Vas aprender nuevos hábitos. Es normal que vuelvas a los viejos hábitos de vez en cuando. Debes implementar nuevos hábitos particularmente que puede ser bastante complejo y complicado por momentos.

Habituarse a procesos nuevos es incómodo y cuesta familiarizarse o curtirse a adquirir en una persona una conducta como hábito.

En una entrevista Richard Branson decía lo siguiente Cuando tenia 15 anos, deje la escuela para empezar un revista y se convirtio en un exito porque no tomaba no por respuesta. Recuerdo golpear la puerta de James Baldwin para pedirle una entrevista cuando vino a Inglaterra. Luego consegui en numero de Jean-Paul Sartre y le pedi una contribucion. era un joven de 15 anos con pasion y quedo encantado. Tu nunca sabes a quien vas a conocer, con quien puedes hacer negocios ahora o en el futuro, las oportunidades se dan pero tambien hay que hacer que se den.

Te daremos ideas para que tengas en cuenta que puedas rodearte de gente positiva, pero si estas volviendo a los malos hábitos, no te sientas mal no te castigues.

Normalmente nunca vemos gente altamente exitosa o victoriosa que tiene un resultado feliz rodeada de personas negativas y deprimentes. En parte, esa es una de las razones fundamentales por la cual la gente consigue el éxito y sus objetivos planificados.

¡Queremos animarte y felicitarte por darte cuenta, pues es el primer paso!

Es normal que las cosas no pasen de la noche a la mañana y te darás cuenta porque caíste en unos hábitos negativos, lo que significa que realmente tu zona de confort está en lo negativo y no lo positivo.

Es que es corriente, habitual que te sientas mal cuando te descubres yendo hacia atrás. Pero ¿Sabes por qué? porque ya tu mente consciente está adaptada a una zona de confort diferente.

Es en este momento que tu subconsciente, debe empezar a trabajar para lograr salir de la zona de confort. Y eso está bien.

Si queremos adoptar un modelo de vida exitosa, debemos hacer lo que la gente positiva hace, relacionarse con gente positiva, la gente exitosa se relaciona con gente exitosa, la gente millonaria se relaciona con gente millonaria.

Esperamos que estés aprendiendo. Son conceptos simples pero bastantes profundos. Producen cambios reales, para gente real, en el mundo real.

¿Estarías interesado en aplicarlos?

Debes asegúrate de convertir estos conceptos en acción tan pronto como te sea posible. Pues sólo así lograrás crear cambios para tu éxito.

Si podemos ayudar a otros con el buen ejemplo, es una de las formas más efectivas de aprender, según los expertos.

Claro, todos tenemos el libre albedrío de lo bueno y lo malo también. Puedes modelar los hábitos, comportamientos y actividades de las personas negativas, pobres y fracasadas. ¡Solo tú escoges!

Podemos observar una vez más, que la gente negativa, se rodea de gente negativa. Hablan de negativismo, comentan qué tan mal está el mundo. Dicen que esto está cada vez peor y se lamentan el uno al otro.

Cuando una persona negativa escucha a otro, sólo espera la oportunidad para decir: Eso no es nada, espera a escuchar lo que me pasó a mí.

Pero…

No tiene que ser así para ti.

Sinceramente, sería un gran desperdicio y el mal aprovechamiento de tu tiempo. Y más importante de tu vida.

Entonces, ¿Por qué no rodearte de gente que tenga más éxito que tú? O si eres exitoso con homólogos en la misma situación de éxito.

¡Tiene todo el sentido del mundo!

Simplemente: si ellos pueden, entonces tú también puedes, esta es una de las mejores maneras de pensar respecto a la gente exitosa.

Por lo general los fracasados en vez de admirar el éxito de otros, se lamentan y hasta se resienten, por no estar en la misma posición. La mayoría de gente exitosa ven en otros exitosos, una oportunidad y un ejemplo a seguir.

Estas personas están agradecidos de tener la oportunidad de relacionarse con ellos para así poder contar con ciertas pautas a tener en cuenta para la vida.

Si te relacionas con personas exitosas y sigues los ejemplos y técnicas, seguro que tendrás la misma mentalidad, las estadísticas están de acuerdo con los resultados que lograrás, resultados muy similares en términos de éxito.

¿Cómo podríamos llegar a ser exitosos si envidiamos, juzgamos y criticamos el éxito de otros?

La mayoría de la gente con mentalidad pobre fracasara, difícilmente cambiaría su mentalidad y forma de relacionarse con otros.

¿Cómo puedes lograr cambiar a alguien? La respuesta es: no puedes.

Nadie cambia a nadie, el cambio es tu responsabilidad. Por más que quieras que alguien sea positivo, y que se alimente de cosas buenas y no de malas noticias, lo más probable es que tenga creencias arraigadas muy en su interior, que le impedirán ser feliz.

Pero en cambio, lo que puedes hacer por ti es tener pensamientos positivos que te permitan avanzar y mejorar tu situación actual. Toma el control de tu vida, no les sigas dejando el control de tu vida a otros.

Recuerda que todo lo que ocurre en tu vida tiene un propósito. Es difícil rodearse de gente negativa.

Es difícil tener que escuchar a otros decir que no hay empleo ni oportunidades, cuando nosotros mismos nos estamos encargando de crear oportunidades y de mejorar este mundo.

Es difícil para el acero, forjarse en el fuego. Pero somos vencedores, somos campeones, somos combatientes en una batalla mental, somos triunfadores de la vida y cargamos el honor del éxito en nuestras venas y en nuestras mentes.

No puedes permitirte sabotearte, entorpecerte y estropearte, es algo que te va a impedir crecer tus pensamientos de éxito y riqueza.

Entonces deberás ser capaz de tomar decisiones valientes.

Debes estar dispuesto a no renunciar, porque los únicos que renuncian son los perdedores, los ganadores nunca, jamás se rinden, dimiten, abandonan, se retiran, cesan, desisten, rehúsan a sus propósitos y objetivos.

Quien lucha o batalla gana o puede perder, pero quien no pelea o combate ya está perdido.

Hay más 7 mil millones de personas en el planeta, de seguro algunos estarán dispuestos a apoyarte y a creer en ti. No renuncies porque muchas personas te dirán que has perdido la razón o tiene perturbadas las facultades mentales y que no lo lograrlas, tú como los triunfadores y que venden cara la derrota insiste en llegar a tu meta como los grandes campeones y te lo aseguramos que así será. ¿Te gustaría emular lo que aplica el paladín defensor apasionado de un ideal?

Lo que tienes que preguntarte. ¿Vas a permitir que la opinión de otros te vaya a impedir o a truncar tu éxito?

Si quieres tener riquezas, tú puedes, si quieres ser exitoso, tú puedes, si quieres reconocimiento tú puedes y si quieres destacarte y vivir una vida llena de felicidad y satisfacción tú puedes.

Entonces debes tomar la decisión consciente de creer que mereces asociarte con personas exitosas, y que atesoren gran cuantía económica o personas muy acaudaladas o poderosas.

Piensa y actúa como lo hacen los que acaudalan sumas millonarias en moneda y activos y bienes. Y que tú te mereces tanto de la vida, como una superestrella, como los que cargan a cuestas los honores del triunfo y el éxito.

En vez de criticar a la gente rica, poderosa y organizada financieramente. Más bien úsala, tómala y aplícala como modelo a seguir, que sea tu guía y orientador, en las grandes y famosas competencias de ciclismo en ruta los ganadores toman la rueda trasera como guía de los más poderosos de los mejor entrenados y preparados precisamente para encumbrarse al triunfo final es así como tenemos que enfrentar los retos y estar orientados y dejarnos guiar de la mano de los más poderosos y pudientes.

No permitas alejarte o distanciarse e irte a un lugar más lejano de las personas que están en un mejor nivel que tú, únete a ellos y aprende.

Ya es hora de que piensas que si ellos pueden, tú también.

Te recomendamos que leas las biografías de millonarios famosos como: Andrew Carnegie, John D, Rockefeller, Donald Trump, Marck Zuckerberg, Bill Gates, Ted Turner, Steve Jobs, por mencionar algunos. Usa sus historias como inspiración y algo digno de ser imitado. Aprende sus estrategias y lo más importante: Copia su mentalidad, modelo, su forma de pensar o de entender la vida y hacer las cosas.

Te aseguramos que tu existencia empezará a cambiar y a modificar tu calidad y dignidad de vida, una vez comiences a rodearte de gente positiva, exitosa, millonaria, de buena energía. Y por supuesto, finalmente, encárgate de proveer positivismo, optimismo y buena fuerza o poder del que se dispone para lograr un fin exitoso y triunfador.

Capitulo 11
Fortalece la parte emocional

"Hay una idea con la que me cruce hace años que amo: mi felicidad crece directa con mi aceptacion y en proporcion inversa con mis expectativas. Eso es clave para mi"

Michael J Fox

Michael J Fox es un canadiense-estadounidense actor, autor y productor.

Libérate de las emociones negativas y llena tu alma de quietud, paz y tranquilidad. Si tus emociones van proyectadas equivocadamente te van a limitar, el temor al fracaso nos inmoviliza y disminuye nuestra calidad de vida. En nuestras manos está la capacidad para superarlo.

La inteligencia emocional es la capacidad para comprender las emociones y conducirlas de tal forma que podamos utilizarlas para guiar nuestros procesos de pensamiento y nuestra conducta para obtener mejores resultados en todo lo que nos propongamos en la vida.

¿Sabías que el 90% del éxito de las personas dependen de su inteligencia emocional?

Las actuales teorías demuestran que lo esencial para tener éxito en la vida no está relacionado con factores innatos, sino con competencias emocionales. Éstas pueden ser desarrolladas en la medida en que uno desee. La capacidad de una persona para mejorar, aprender y desarrollar sus habilidades emocionales depende fundamentalmente de su actitud.

¿Qué estás haciendo tú para desarrollar una actitud positiva respecto a tu inteligencia emocional?

Los invitamos a que conozcas con más detenimiento las cinco maneras de la inteligencia emocional:

1. La motivación: Es la capacidad para valernos de nuestras preferencias personales para alcanzar objetivos, impulsarnos a tomar iniciativas, ser más eficaces y perseverantes y superar con determinación posibles frustraciones de cualquier índole.

2. La empatía: Es la capacidad para ponerse en el lugar del otro y comprender lo que está sintiendo.

3. La capacidad de relación: Es la capacidad de influencia sobre los demás mediante el ejemplo, siendo figura de referencia y estableciendo, de forma permanente.

4. La autorregulación: Es la capacidad de manejar nuestras emociones para que nos ayuden a desarrollar nuestras tareas y de saber recuperarnos del estrés emocional.

5. La conciencia de uno mismo: Es entendida como la capacidad para saber lo que sentimos en un momento determinado y para guiar nuestras decisiones, evaluando de forma realista estos sentimientos y confiando en nosotros mismos.

¿Porque debes fortalecer tú parte emocional?

Porque queda claro que la inteligencia emocional determina la capacidad potencial que tenemos para aprender las habilidades prácticas de la misma. La conciencia de uno mismo, la motivación, el autocontrol, la empatía y la capacidad de relación.

Nuestras competencias emocionales muestran hasta qué punto hemos sabido trasladar este potencial a nuestro mundo laboral.

Los invitamos a que conozcan un excelente ejemplo de alguien que logró tener el éxito más importante en la televisión americana Oprah Winfrey que logró trasladar sus emociones negativas a un mundo laboral exitoso.

Oprah Winfrey nació el 29 de enero de 1954 en la localidad estadounidense de Kosciusko, Missouri. Su abuela la cuidó hasta que cumplió los 6 años, cuando fue a vivir con su madre. En ese momento se inició una de las peores épocas de su vida. Sufrió abusos físicos y psíquicos que convirtieron su día a día en un completo caos.

Su situación era tan mala que a los trece años decidió escaparse de casa. Así, pensó, cuando la detuvieran la llevarían a casa de su padre en Nashville.

Afortunadamente Oprah supo superar su infancia traumática. A los 19 años empezó a coquetear con el mundo de la comunicación trabajando como reportera en una estación de radio de Nashville y posteriormente entró en la Universidad de Tennessee, donde incluso ganó diversos concursos de belleza.

A los 22 años Winfrey se trasladó a Baltimore, donde tenía una oferta para presentar un programa de televisión. People are talking.

Su primera aventura en la pequeña pantalla se prolongó por ocho años, en buena parte gracias a su especial habilidad ante la cámara.

Al cumplir los 30 años la carrera profesional de Oprah Winfrey da otro paso adelante. La WSL-TV de Chicago la contrata para presentar su propio programa de mañana, el A.M. Chicago.

En pocos meses consigue colocar su talk show en el número 1 del ranking de audiencias. La verdadera razón del éxito de este programa es su presentadora y esto se refleja en septiembre de 1985, cuando el A.M. Chicago se convierte en The Oprah Winfrey Show.

El éxito se convierte en el compañero eterno de Oprah y su programa. En 1986 The Oprah Winfrey Show es el talk show número 1 de las televisiones estadounidenses, y 20 años después sigue ostentando su posición mediática privilegiada.

Casi 30 millones de espectadores siguen sus emisiones sólo en los Estados Unidos. Los premios, entre ellos el Emmy al mejor talk show respaldan su trayectoria.

La figura de Oprah y su récord de longevidad otorgan a este programa un gran prestigio, tanto que los personajes más famosos del mundo pasan sin dudar por su programa.

Pero Oprah no es sólo una popular presentadora de televisión. Su enorme éxito en este medio le ha servido para llevar a cabo muchas otras actividades.

Posee una productora, Harpo Entertainment Group, es co-fundadora de Oxygen Media, ha escrito libros, dirige su propia web e incluso es la editora de The Oprah Magazine, una revista que sigue la línea del talk show televisivo.

Oprah también ha hecho sus incursiones en el mundo del cine y ha participado como actriz en títulos tan conocidos como el color púrpura, tira a mamá del tren, nunca fueron niños y Beloved.

Gracias a todos estos frentes abiertos en su carrera profesional hoy en día se le considera la primera mujer negra billonaria y la mujer más poderosa de la televisión de los Estados Unidos.

Oprah Winfrey es un verdadero mito para muchos estadounidenses. Esta mujer, cuya vida de niña no fue nada fácil, tiene el gran mérito de haber sabido sobreponerse a sus problemas emocionales y convertirse con el tiempo en la gran y poderosa comunicadora que es desde hace años.

¿Cómo vencer tus emociones negativas?

Para evitarlo debemos de actuar.

Cuando no actuamos, muchos de nuestros problemas se incrementan.

Nuestro bienestar disminuye.

Nuestra vida y nuestras experiencias son cada vez más reducidas.

Si le permitimos a nuestras emociones miedo al fracaso, entonces nunca vamos a lograr nuestras metas, objetivos o deseos.

Pero el problema no está en el fracaso en sí.

El fracaso sólo nos indica que el camino que elegimos no es el más adecuado. Que es necesario buscar otra opción.

El problema está en lo que el fracaso significa para cada uno de nosotros y en la manera en cómo nos calificamos a través de las emociones.

Nos da miedo fracasar, ¿porque?

Nos sentimos impotentes ante el fracaso y no nos gusta sentirnos así.

No queremos soportar la incomodidad de dicho sentimiento.

Asociamos equivocadamente fracaso con dolor y es a éste último a quién más miedo le tenemos y el que más afecta nuestra parte emocional.

Pensamos que el éxito y el fracaso son los dos elementos que nos califican como personas.

Si tengo éxito soy una persona valiosa.

Si fracaso, no valgo nada y la gente me va a criticar o rechazar.

El éxito y el fracaso son sólo resultados de una conducta o una decisión adecuada o inadecuada, correcta o incorrecta.

Una persona es mucho más que sus conductas y sus decisiones es como manifiesta sus emociones.

El temor al fracaso no está relacionado directamente con la situación que enfrentamos, ni con su importancia o dificultad.

Está determinado por lo que pensamos y como manejamos la parte emocional. De dicha situación, de nosotros mismos y de cómo sus resultados nos pueden afectar.

El mejor ejemplo lo tenemos con Thomas Alba Edison, que falló 10,000 veces antes de haber logrado el filamento de carbón, que se utiliza en los focos de luz.

Un reportero le preguntó, después del intento número 5,000, si se sentía desalentado.

Edison contestó que no había fallado 5,000 veces, sino que había triunfado al determinar 5,000 maneras en las cuales no funcionaba. Lo que significa, comentó, que me encuentro 5,000 pasos más cerca de descubrir cómo hacerlo funcionar.

Es importante recordar que los científicos más importantes de ese momento, escribían artículos en donde opinaban que Edison perdía su tiempo.

Pero Edison ignoró todas las críticas porque había fortalecido su parte emocional en el continuo progreso hacia su meta.

Se escuchó a sí mismo y no a los demás.

¿Te imaginas cómo sería el mundo, si ante cualquier error o crítica, todos los inventores y científicos se hubieran dejado afectar la parte emocional. Crees que hubiera dejado sus proyectos sin terminar?

¿Tienes miedo al fracaso?

El fracaso es parte esencial del éxito y la clave para fortalecer nuestra parte emocional.

Cada fracaso es una oportunidad para aprender y corregir.

Las únicas personas en este mundo que no fracasan, son aquellos que no hacen nada, que ni siquiera lo intentan.

Reitero y recuerdo un refrán mencionado anteriormente: "quien lucha, batalla, combate triunfa, vence o quizás puede salir derrotado o no conseguir lo que esperaba pero con absoluta seguridad quien no lucha o batalla está perdido y definitivamente.

El miedo al fracaso puede provocar un círculo vicioso de queja emocional constante.

El temor a fracasar paraliza.

La parálisis conduce a la inacción, gandulería, ineficacia, pasividad, quietud.

La inacción afecta nuestras emociones, genera una baja en la autoestima y la autoestima baja te lleva nuevamente al miedo en otra.

No te dejes atrapar por tus emociones negativas no caigas en este círculo o razonamiento en el que no se llega a ninguna conclusión.

Capitulo 12
Quitar todas las excusas

"Los obstáculos son las cosas que vemos cuando nuestros ojos no están mirando hacia las metas"

Zig Ziglar Hilary

Zig Ziglar (6 de noviembre de 1926 - 28 de noviembre de 2012) fue un escritor, vendedor, y orador motivacional estadounidense.

Empieza con la parte positiva. Las excusas nacen normalmente porque no queremos hacer algo ni aceptar la parte negativa para evitar hacerlo.

Es hora que busques la parte divertida en todo lo que haces. Mantén una actitud positiva para eliminar las excusas.

Debes asumir la responsabilidad. Las excusas son maneras de evitar responsabilidades. Y tú lo sabes. Cuando decimos: no tengo tiempo, dinero y los medios para hacer y ejecutar las tareas, entonces no es culpa nuestra el no hacerlo, ¿no? Asume la responsabilidad ahora y usa todos los medios para solucionarlo.

Encuentra una solución. Casi todos los obstáculos o inconvenientes que impiden o entorpecen la realización o consecución de una cosa tienen una solución.

¿No tienes tiempo? Empieza dedicándole a ese nuevo proyecto o designio o pensamiento de ejecutar algo sólo 5 o 10 minutos, todos los días. Levántate pronto. El día tiene 24 horas para todo el mundo, pregúntate ¿por qué otros pueden hacer tantas cosas en ese tiempo y tú no puedes? ¿Sabes por qué?

Por qué no has asumido las responsabilidades y no te agendas durante el día tus prioridades, acuérdate que tú también puedes lograrlo.

Visualiza tu objetivo. Esta es tu motivación, la razón por la que lo haces. Seguramente estarás más cómodo en el sofá, pero si piensas en por qué quieres hacerlo, te motivarás.

Queremos que sólo te Imagines los resultados que tendrás si lo haces, te animamos a que empieces cuanto antes.

Queremos compartir contigo algunos ejemplos:

Walt Disney Walter Elías Disney, oficialmente nacido en Chicago, Illinois, el 5 de diciembre de 1901 y fallecido en Burbank, California, 15 de diciembre de 1966 fue un productor, director, guionista y animador estadounidense, de rumoreado origen español.

Si Walt Disney hubiera seguido las instrucciones de los supuestos expertos y se hubiese sentido lastimado, disminuido emocionalmente sus fracasos, pues hoy no existiría el personaje de Mickey Mouse ni toda la colección de películas, Disney que a todos nos han alegrado la infancia (y lo que no es la infancia).

A Walt Disney le despidieron laboralmente del periódico en el que trabajaba por "falta de imaginación e ideas". ¿Te imaginas que se lo llega a creer? Menuda pérdida para él y para el mundo.

Pero no te creas que todo terminó ahí, ¿qué más le manifestaron? Que no servía ni para oficios de cocina y ¿montó su famosa empresa y se forró de dinero y éxitos? No, no, ni mucho menos. Se propuso a emprender empresas por su cuenta y riesgo, asumió varios negocios que fueron un resultado adverso en empresas que se esperaba que saliera bien. Hasta que la clavó con Walt Disney como lo conocemos hoy.

Así que, hazme un favor, no te rindas nunca y sigue creyendo en ti por difíciles que sean las circunstancias. Si perseveras y crees en ti mismo, la vida antes o después te responderá.

Steve Jobs Steven Paul Jobs (San Francisco, California, 24 de febrero de 1955 – Palo Alto, California, 5 de octubre de 2011), mejor conocido como Steve Jobs, fue un empresario y magnate de los negocios del sector informático y de la industria del entretenimiento estadounidense. Fue cofundador y presidente ejecutivo de Apple Inc. y máximo accionista individual de The Walt Disney Company.

Steve Jobs podría haber emulado lo que hacen muchas siniestros personajes algunos muy reconocidos que culpan a sus padres y su entorno por no haber alcanzado ningún logro importante durante su existencia.

Perdóname, pero que comodidad y responsabilidad que culpar a quienes no recae la mínima culpa. Y nada peor, porque al trasladar tú responsabilidad a otros, te conviertes en víctima y pierdes todo tu poder personal.

A Steve Jobs su madre le dio en adopción, algo que hubiera podido traumatizar a cualquiera. Y si eso no era suficiente, los padres adoptivos que le habían de acoger le rechazaron por ser niño y no niña.

A mí que nadie me venga a llorar de su infancia, la mía no fue un jardín de rosas y aquí estoy, al pie del cañón, levantándome cada día para superar mis límites. Steve Jobs entró en la universidad gracias al esfuerzo de sus padres adoptivos que habían ahorrado toda su vida para pagarle los estudios.

Y dejó la universidad. ¿Cuánta gente aquí se queja de que no ha podido hacer algo por falta de estudios? Si quieres puedes, y más en un mundo donde toda la información está gratis en Internet.

Te recomendamos el discurso de que dio en la universidad de Stanford. Esperamos que estos ejemplos te sirvan para inspirarte en esos momentos críticos y funestos que todos los seres emprendedores tenemos.

Así que, sigue estos ejemplos y lo de muchas personas que lo han logrado, y pasa de lo que te diga tu entorno. No nos vamos a cansar de repetirte que tienes algo que te hace único, que sólo tienes que descubrirlo.

Vivimos en una sociedad que nos ha intentado estandarizar, con la manipulación de nuestra mentalidad y cerebro que es acondicionado a lo pequeño, desde que acudimos a las aulas, pero debes de hacer el trabajo de conectarte contigo mismo, de revolucionar tu forma de pensar e ir tras tu éxito y próspero porvenir.

Deja ya de argumentar excusas y ve por tu éxito.

Porque el secreto para que tú alcances el éxito es una combinación de fe, esfuerzo, deseo y perseverancia.

La vida está llena de dificultades no de excusas, pero tú decides si sigues sacando excusas. Hay personajes que se ha curado de un cáncer, gente que ha superado una enfermedad mental, gente que se ha arruinado y creado un imperio.

Tú decides a quién tomas como modelo, si al que te inspira a luchar por tus sueños, o al que te reafirma en que no vale la pena esforzarse y que mejor que te refundas a lamentarte con el polvo amargo de la derrota.

¡Sólo tú decides! Pues sí lo que quieres es terminar, acabar, completar, concluir. Adelante, finaliza, ultima, remata, liquida. Si así lo quieres si esa es tu decisión. Pero al menos sé honesto contigo mismo y háblate con la verdad: es tu elección, no tu destino. El destino no existe, te lo creas tú día a día.

Eso es lo que quieres ¿malgastar tu vida en quejas y excusas?, adelante, pero al menos ten el coraje de admitir que es tu elección, tu alternativa, tu opción y preferencia.

Te vas a encontrar en tu vida en situaciones difíciles, ardua, complicada, compleja, engorrosa! tanto desde un punto de vista económico, como emocional y de salud.

En ocasiones te vas a sentir defraudado, acongojado, decepcionado, al borde del abismo, con la firme intención de finiquitar tu valiosos proyectos. Pero no te des por vencido. Un campeón, un paladín nunca se rinde. Y eso es lo que eres tu, un verdadero campeón, un vencedor, un triunfador.

Y eso es lo que queremos para ti, que te atrevas a vivir pero a vivir bien con una calidad de vida digna y decorosa y dejes de estar subsistiendo, sobreviviendo, resistiendo. Que es la vida que tú crees que de verdad te apetece, ambicionas pretendes, que deseas y que te mereces.

Es hora de que inicies con tu primer paso. Si has de aguantar un trabajo que detestas abominas, rechazas porque sabes que esta el sustento, deberes y obligaciones de tu familia, y mantener otras obligaciones y responsabilidades extras, estas y otras son las que deben ser la razón más poderosa para crear tu propio futuro.

Debes empezar hoy a reservar el tiempo necesario cada día para crear y llevar a feliz término tu sueño, crear tu futuro. Invierte, pon a funcionar denodadamente tu potente cerebro enriquece, desarrolla, perfecciona tu mente transfórmala, enriquécela, que si lo haces tendrás todo lo que planificas, se cumplirán tus anhelados sueños y tus deseos serán un hecho.

Para...ya! ¡De una vez ¡ "no dejes para después lo que puedas hacer hoy dice un viejo proverbio. Basta de seguir haciendo listas de excusas y evasivas, nada de mañas que son virtudes negativas que fácilmente aprendemos y aplicamos con mucha facilidad.

Sabes qué los exitosos, triunfadores y ganadores han realizado actuaciones iguales o similares, pero vencido las excusas y tú también lo puedes lograr, con una mente orientada y dirigida al éxito. Eso mismo. El secreto del éxito está en lo que te dices a ti mismo día a día.

Hemos hablado de las excusas y del efecto que ejercen, evitando que avancemos muchos no salen de la idea, y se cuestionan, ¿soy capaz de cambiar, de renovarme después de tanto tiempo?

Queridos lectores acepta los cambios, la transformación ,una nueva y positiva manera de vivir, basta ,para, detente no más de estar en contra vía de ellos, no seas tú el obstáculo, la talanquera ,el palo en la rueda para tu éxito y el gran futuro que tienes en el horizonte.

Es normal que tengas miedo, temor, indecisión e incluso, que te sientas incapaz de iniciar tus anhelados proyectos. Pero nada de eso va a durar mucho, si eres persistente a tu desarrollo personal, viviendo el presente, sincronizándote con tus deseos más sentidos, profundos e internos, contemplando lo maravilloso/a que eres o puedes llegar a ser , fíjate y emula a la persona que quieres llegar a hacer, no te fijes en lo que no quieres ser.

Visualízate en la persona que vas a llegar a ser que es lo más importante. Debes estar dispuesto/a a dejar fluir tu vida con la pasión de lo que quieres.

Hecha, destierra, pianta, espanta la negligencia, pereza, astenia de tu vida, evasivas como: estoy cansado, es demasiado complicado, no llegaré a tiempo. ¿Te suenan estas excusas? A menudo sufrimos porque tenemos una agenda llena de tareas pendientes, pero están las excusas de primero en la agenda no es por la falta de tiempo sino por nuestra falta de planificación y autodisciplina.

Acuérdate, rememora siempre de aprovecharte de las afirmaciones positivas, si te acostumbras a utilizar las afirmaciones positivas a diario dejas de darle cabida a tantas e injustificadas excusas. ¿Sabes por qué? Precisamente porque vives afirmando lo que eres, lo que deseas, lo que puedes llegar a ser y enfocado/a o encausado en ello, la justificaciones logran que se pierda todo el valor de lo positivo, tienes que cambiar este hábito de lo negativo.

Dirige tu atención o interés en aquello que te beneficia que mantiene tu atención en aquello que quieres lograr y de seguro conseguirás lo que te gusta, lo que es más viable y conveniente disponiendo toda tu energía y valores, así aislaras a lo que te resistes, siempre persiste pase lo que pase si te enfocas en ver lo mejor del mundo, has cambiado tu vida en éxito.

Así que te animamos a dar ese primer paso o afortunada y firme pisada que te va a llevar a los resultados planificados, triunfadores que es la culminación de estar en la cúspide del éxito.

Te hacemos el llamado y te invitamos a que te llenes de ánimo, energía moral o confianza, te animamos a que ahora mismo tomes acción y que venzas todas las excusas que gobiernan tu vida.

Haz lo que sea ¡lo que este a tu alcance!. ¡pero hazlo ¡para alcanzar tus sueños y tus metas. No te decimos que es fácil, pero que al final vale la pena.

Si corriges, rectificas, enmiendas los errores o defectos de tu mente, el resto de las cosas se alinearan, enfilan, ordenan, formaran, a favor de tu éxito.

No permitas de dejar de vivir una vida próspera llena de riquezas y felicidad, sólo porque permites que las excusas, justificaciones, pretextos y evasivas en tu vida son el imperio que te ordenan el rumbo a seguir.

Recuérdate cada momento de esta frase.

Sigue creyendo en ti por difíciles que sean las circunstancias.

Los 12 Secretos al Exitos

- Creer que tú puedes tener riqueza
- Tener una Razon Clara
- Estar Determinado a Tener Exito
- Tener un Plan de Accion
- Fijarse Metas
- Tener Claridad
- Eliminar los Paradigmas Negativos
- Ser Agradecidos
- Pensar y actuar como la gente Exitosa
- Asociarce con gente Exitosa
- Fortalece la parte emocional
- Quitar todas las excusas

Te Invitamos

Te invitamos a que sigas tu camino al éxito y sigas alimentando tu mente de energía positiva. No te rindas, tú naciste para triunfar.

Visita nuestra pagina web

www.vidayexito.tv

Tambien te invitamos a nuestro canal de radio y TV show donde nos puedes ver o escuchar.

Notas

www.ingramcontent.com/pod-product-compliance
Lightning Source LLC
Chambersburg PA
CBHW070849050426
42453CB00012B/2100